3

事業承継入門

事業承継のためのマーケティングと経営管理

追手門学院大学ベンチャービジネス研究所〔編〕

植藤　正志／大門　康剛／井出　明
稲葉　哲／朴　修賢／長岡　千賀
杤尾　安伸／坂上　佳隆／宮宇地俊岳〔著〕
李　建／中野　統英／岡崎　利美
山下　克之／水野　浩児

追手門学院大学出版会

発刊の辞

追手門学院大学は２０１６年に50周年を迎えます。開学以来50年近くに亘り、多くの大阪や関西の企業経営者の子弟が多く入学し、勉学に励んだ後、社会に巣立って行きました。

このような大学の歴史を踏まえ、「事業承継入門」第３巻は、追手門学院大学経営学部の教員を中心に実施したオムニバス形式の授業をベンチャービジネス研究所で体系化しとりまとめたものです。

この「事業承継入門」第３巻は昨年出版した第１、２巻に続いて、事業家や経営学部の多くの教員が参画し、様々な角度からそれぞれの体験や研究を１回の凝縮した授業で学生に伝えたものを書き起こし1冊の本として編綴したものです。

大学の役割として、第一義的には教育があることはもとよりですが、研究者の研究業績や知見を広く社会に役立てることも重要な任務と考えています。本書は、大学に引き籠りがちになる教員研究者が永年に亘って研究してきた成果を、多くの卒業生や社会で事業承継に悩む経営者事業家の方たちの一助にできればという強い気持ちでまとめました。

これからも、追手門学院の建学の理念とする、「社会有為、独立自彊」、すなわち、社会に役に立ち、独立心に富む有為の士を育てると同時に、経済社会の発展に寄与できる研究とその成果の社会への発信に一層力を入れて行きます。

２０１５年2月

追手門学院大学
経営学部長　坂上 佳隆

はじめに

『事業承継入門』第3巻は追手門学院大学開学50周年を記念して創設された追手門学院出版局の初年度の発刊物の『事業承継入門』1巻、2巻の続編として編まれたものです。

追手門学院は1888年に大阪偕行社附属小学校として創設され、大阪の地において多くの事業経営者の子弟が本学から社会に雄飛され、承継した事業や自ら創業した事業を経営しておられます。本書はこのような追手門学院の歴史を背景に、事業を承継するための考え方や事例をオムニバス形式で行った授業を基に全体を14章にまとめたものです。

第I章は、事業承継とリスクマネジメントというテーマで近江商人や大阪商人といった関西商人の商業活動の考え方の中に、現代的なリスクマネジメントの内容がすでに実行されていた事実を取り上げ説明されています。

第II章は、伝統産業における事業承継として、伝統産業である酒造会社の実際の事業承継を、具体的な事例を通じ、普遍的な視点と関連づけながら検討されています。酒造業という伝統産業に固有の視点から、「日本酒業界の歴史と現状」のお話を基に『もの』を造り続けること、『市場』へ適応すること、『後継者』をもつことという事業承継の三つの要件が普遍的観点から検討されています。

第Ⅲ章では、観光産業と事業承継事例というテーマで、「ダークツーリズム」と呼ばれる「災害や戦争の跡といった人類の悲しみの跡をめぐる旅」、即ち、災害が起こったときの観光産業とその後の推移について論じられ、災害が起きてからの観光事業の承継の現場から生まれた出色の研究の成果が報告されています。

第Ⅳ章では中小企業と中小企業政策として、中小企業の重要性と中小企業政策について、後継者難で廃業が多くなっている現状において金融支援策や事業承継の支援策が解説されています。

第Ⅴ章では、事業承継とマーケティングと題して、後継者に求められる戦略的な思考能力について解説されています。単に先代がやってきたことを子どもの頃から身近なところで見てきていたから、何となく分かっているという経験だけでは、企業の長期的な成長と存続を遂げることができません。事業承継を成功させるためには、企業における全体としての戦略計画が大切になります。

第Ⅵ章では、事業承継とヒューマンエラーの防止によって、労働災害や事業経営上の大きな損失を回避して、現在の経営者と後継者が相互に意識を高め十分に対策を立てることによって、円滑な事業承継が実現すると解説されています。

第Ⅶ章では、事業承継における人的資源について、後継者をどのように見つけて、その後継者をどのように育てるのかについて、親族による事業承継の特質や、リーダーシップについて解説されています。

第Ⅷ章では、中小企業と意思決定として、中小企業経営者の意思決定の仕方を「合理的意思決定の基礎」と言われる研究領域での検討が行われています。

第Ⅸ章では、事業承継と経営分析について、事業を承継するにあたって、後継者にもっとも不足する知識の一つに、「会計・経営分析」が挙げられます。後継者が承継対象となる事業の技術や業務内容に精通していても、会計学や経営分析の知識に触れることは多くないと考えられますので、この章では後継者が身に付けておくべき経営分析の解説が行われています。

第Ⅹ章では、事業承継と管理会計として、企業経営において、経営者が把握すべき会社の利益体質の分析によって、引き継いだ会社が持続的な利益を生み出す体質になっているか否かをまずは把握しておく必要があり、その利益体質の把握の手法として用いられる売上高（Volume）・費用（Cost）・利益（Profit）の関係を分析する、ＣＶＰ分析と呼ばれるマネジメント手法の解説がされています。

第Ⅺ章では、事業承継とＩＴの有効活用として、コピー機の技術的な変遷について述べられています。技術革新の競争が事業承継の根幹となっている事務機器やコピー機の産業に如何に重要か解説されています。

第Ⅻ章では、事業承継と株式というテーマについて、小説『ルーズヴェルト・ゲーム』を題材にして、後継者選びの一つのパターンとして面白い事例の解説が行われています。

第XIII章では、事業承継と新株予約権として、事業承継の問題に新株予約権が利用され、適切な対応策の検討ができるよう具体的な数字を挙げて詳しく解説されています。

第XIV章では、企業経営における金融機関の関係として、事業承継と銀行とのお付き合いが詳しく解説されています。比較的新しい融資の形であるＡＢＬ（Asset Based Lending）、即ち動産・債権担保融資が在庫や売掛金債権等の流動資産を引当とする融資制度の解説も行われていますので、事業資金の調達をお考えの方も是非ご一読ください。

このように、本書は各章の執筆者の研究領域や問題意識が多岐に亘っており、期せずして面白い事業承継の解説書が出来たのではないかと思います。急激な為替変動や競争激化が続く21世紀において本書が事業承継を目指す読者の問題解決に資することを期待しております。

なお、各章のテーマを考慮したため、本書の章立ては授業が行われた順序と異なっております。

２０１５年2月

ベンチャービジネス研究所長
経営学部教授　田淵　正信

目次

I

事業承継とリスクマネジメント
―関西商人の経営理念に見るリスク観―

追手門学院大学経営学部教授　植藤　正志

1　はじめに

事業承継とリスクマネジメントの関係を説明する一つの手段として、近江商人や大阪商人といった関西商人の商業活動の考え方の中に、現代的なリスクマネジメントの内容がすでに実行されていた事実を取り上げ説明したい。通常、事業承継という場合、三つの側面から見ることができる。第一は、伝統的な技術、あるいは技そのものを維持、承継していくこと。第二は、そうした技術や技の承継だけでなく、また事業そのものを大きく発展させることよりも、子供や孫に家の財産として引き継いでいくこと。第三は、承継した事業を継続させながら、かつ成長させていくこと。こうした事業承継のどの側面に中心を置いてリスクマネジメントとの関係を説明するかが、まず問題となる。

今も、昔も事業そのものを倒産させることなくいかに継続、さらには発展させることができるかが事業承継の第一の目的であり、そのための対策としてのリスク観やリスク意識が不可欠であるとすれば、第二の事業承継の意味を中心に商業活動を実践してきた関西商人の考え方が非常に参考になるのである。リスクマネジメントとか危機管理といえば、近代的な企業経営における管理手法のように思われがちであるが、実は近代的な企業ほど危機意識やリスク管理はできていないとも言える。ところが、日本の伝統的な事業である商業では、商人といわれる人々が商業活動を営む上での基本的な理念や哲学をもって、どのような経営の考え方で何を作り、誰にどのように売るのかということを考えながら商業活動を行っていたのである。明確な経営理念を基礎に、経営活動を計画的に実行することは危険や危機を減少させることになり、ひいては本質的なリスクの解消につながることになると言える。その意味では、現代のリスクマネジメントや危機管理が追求すべきものを、最も典型的に見ることができるのが、商人の商行為、いわゆる商業活動であったと言える。ここでは、近江商人と大阪商人の経営理念・経営哲学とリスクマネジメントの関連性を説明することにしたい。

2　近江商人の経営理念・経営哲学とリスク観

企業経営や商業活動は、単に儲ければいいのではなく、なぜ経営や商業をするのか、どのようにするのかなど、何かを行う時の拠り所となる考え方、いわゆる経営理念や経営哲学が不可欠である。この理念や哲学がない行動は、行き当たりばったりの一回きりのものとして継続することはできなくなる。ところが、近江商人や大阪商人は、商売をやる上での基本となるものの考え方や哲学を持っていたのである。それがリスクマネジメントの最も重要な課題である倒産を防止し、事業を継続・維持することに密接に関連しているのである。リスクマネジメントといえば、20世紀、あるいは21世紀の今日的経営に関わる非常に新しいもののように思われるが、ものの考え方としては100年前の近江商人たちの考え方と大きな相違はなく、逆に現代企業のリスク解消や事業承継の問題解決を見出す糸口を提供しているとも言える。

近江商人とは、現在の滋賀県琵琶湖周辺出身の商人で、かつ遠隔地行商を基盤とする広域指向型の商人を指している。近江の地域を動かないで、店だけ近江の地域にあって人がそこに買いにくるような商人は近江商人とは区別されるのである。広い地域で活動する、少し大きな商業活動をする近江の地域に住んでいた商人が近江商人と呼ばれるのである。この近江商人には、「近江商人の商売十訓」によって近江商人が商行為を行う上で拠り所とするべき考え方、すなわち経営理念が明確に示されていたのである。

①商売は世のため、人のための奉仕にして、利益はその当然の報酬なり
②店の大小よりも場所の良否、場所の良否よりも品の如何
③売る前のお世辞より売った後の奉仕、これこそ永遠の客を作る

④資金の少なきを憂うなかれ、信用の足らざるを憂うべし
⑤無理に売るな、客の好むものを売るな、客のためになるものを売れ
⑥良きものを売るのは善なり、良き品を広告して多く売ることは善なり
⑦紙一枚でも景品はお客様を喜ばせる。つけてあげるもののない時は笑顔を景品にせよ
⑧正札を守れ、値引きは至って気持ちを悪くするのが落ちだ
⑨今日の損益を常に考えよ。今日の損益を明らかにしないでは、床に付かぬ習慣にせよ
⑩商売には好況、不況はない。いずれにしても儲けねばならない

近江商人は、こうした商売十訓を経営理念として企業を維持することを念頭に商業活動を行っていたのである。ここで指摘された経営理念を現代的な企業活動から見れば、利潤の問題、品質の問題、サービスの問題、信用の問題、広告の問題、倫理の問題、収益の問題、さらには責任の問題にまで及んでおり、現代の経営に必要とされる理念や哲学が明確に示されているだけでなく、本質的なリスクマネジメントの中心的な要素を形成していると言える。リスクマネジメントや危機管理が注目され話題となる多くの場合、何か出来事が起きると経営者に対して危機意識がないとか、危機管理の準備ができていないと言うのである。確かに、何か危険が発生した場合、これを早く解決することがリスクマネジメントの重要な役割の一つではあるが、それ以上に危険が発生するのを防ぐ、あるいは危険を予測し、予防することのほうが大事なのである。近江商人の商売十訓は、まさにリスクや危機が起こらないようにするために、何かを行う前に必ず考えるべき拠り所として持つべき

心構えを指摘しているのである。現代的な経営学で言うリスクマネジメントや危機管理から見ても、非常に進んだ一つの事例を示していると言える。こうした歴史的な過去の事例の中から、現代社会における事業をいかに承継し、継続的に維持していくかということを考える糸口、あるいは解決策というものが見て取れるのである。

3　家訓から見た近江商人の経営哲学とリスク観

「近江商人の商売十訓」は、近江商人が商業活動を行う上での拠り所とする経営理念であり、さらには現代リスクマネジメントに求められるリスク観を先取りしたものであった。この商売十訓は、最初から十の教訓が存在していたのではなく、個々の近江商人の個別の家訓が集まり、集大成されたものである。そこで、「近江商人の商売十訓」の基礎となる幾つかの家訓を見ることにしたい。

(1)「三方よし」の理念

近江商人の家訓で最も有名なのがこの「三方よし」である。「売り手よし、買い手よし、世間よし」の理念は、企業、顧客、社会の三つの要素が満足しない限り事業は存続できないことから、それぞれの要素が満足するような経営行動、商業活動に努めなさいという家訓である。平成9年に、滋賀県五箇荘の麻布商・中村治兵衛が1754年に孫にあてた直筆の遺言書が発見された。その遺言書は24か条からなり、長さ3メートルに及ぶ長文であった。「三方よし」のおおもとが、その遺言書の中の一節として述べられていたのである。中村家では、この「三方よし」を守りなさい、そうしなければ事業は承継され、継続できないことを家訓として中村家の後継者である孫に伝えたのである。この「三方よし」の理念は、現代社会においても事業の存在意義、役割、位置を明確に認識させるとともに、リスクマネジメントの本質理解にもつながる考え方を指摘していると言える。

(2)「自然の成行と平均」の理念

「自然の成行と平均」という家訓は、五箇荘の外村与左衛門家に伝わる44か条からなる「心得書」に見ることができる。「自然の成行と平均」とは、簡単に言えば企業活動や商業活動において無理をするなということである。言い換えれば、自然天性に従って、自分勝手な計らいごとは厳禁であり、自他ともに成り立つような取引を深く考える商売をしなさいという家訓である。目先の儲けを争って、派手な売買を好まない、それは取引が非常に上手なように見えるけれども一生涯、目的のない不安定な計らいごとに苦しむことになる。先の見通しを持たず、ただ眼前の利に気を取られ右往左往し、見切り時を誤るようでは商人の器ではなく、商売を危うくするということから、先の見通しを非常に重要視した平均的な商業活動を心がけることを指摘しているのである。

こうした理念は、現代社会の企業経営にとっても重要な要素と言える。現時点で、大変に良い利益を上げているからと言って、数年後にはどうなるか全くわからない現代社会の状況の中で「自然の成行と平均」の理念を経営活動にいかにうまく取り入れ、右往左往しないで的確に変化を見届けながら経営活動を遂行できるかどうかが、事業の維持・存続に大きく関係することは否定できない。「自然の成行と平均」の理念は、外村家の古い家訓、「心得書」ではあるが、現代社会においても事業の維持・存続に関するリスクを小さくする重要な内容を含んでいると言える。

(3)「利は勤めにおいて真なり」・「売って悔やむ」の理念

「利は勤めにおいて真なり」・「売って悔やむ」も外村家の「心得書」に示された面白い家訓と言える。商人の任務というか職務は、物資の流通にあって、利益はその任務を懸命に努力したことに対する〝おこぼれ〟に過ぎない。本当は安く売れるものを高く売ることに一生懸命になり、高い利益を得ることは人をだまして売ったということになる。人をだまして得た利益は本当の利益にはならない、これは勤めにおいて真とは言えないとしている。まさに利益至上主義に陥ることを戒め、短期的な利益よりも長期的視点に立って、利益に限らず物事を考える重要性を示したものであった。

「売って悔やむ」こそ、商人の極意であり、将来を考えた永続的な取引を考えながら仕事に励むこと、すなわち、顧客の望む時に売り惜しみをせずに、その時の相場で損得に迷わず売り渡すことこそ真の商売であるとする商業活動は、現代的な経営活動における顧客満足の追求、あるいは、顧客の創造につながる考え方であった。顧客が商活動に満足すればするほど、安定した事業の継続的な商売が可能となる。逆に、儲けることばかりを考えた商売は顧客満足度を低くすることから、当然に事業は維持・存続できなくなる。こうした「利は勤めにおいて真なり」・「売って悔やむ」といった外村家の家訓には、現代企業に見られる社会的責任の概念や企業のリスク観に通ずるものがすでに内在していたと言える。

(4)「深く驚くべからず」の理念

全国的あるいは広域で商業活動をしていた近江商人は、さまざまな変化に直面せざるを得なかった。現代風に言えば、企業の環境変化ということができる。環境が変化すれば、これまでのような経営活動が適切に適用できなくなり、不適合性は当然にリスクを発生させることになる。この不適合性が大きければ大きいほどリスクの度合いも大きくなることから、損害や損失さらには倒産が発生するのである。それゆえ、現代社会では、環境の変化に常に敏感でなければならないと教えられるのである。

ところが塚本定右衛門(二代目)の「家内申合書」の中に、相場の変化、天災変事、予期せぬ出来事などに対する対応行動として「深く驚くべからず」という家訓が示されている。「深く驚くべからず」とは、不幸に遭遇することもあるのが世の中である。その時になって平常心を忘れてはならない。毎回毎回驚くことなく、冷静に環境を分析して対応する重要性を指摘したものである。平常心を忘れて、道にそむいて規則を超えることのないようにし、決して相場や賭け事に手を出したいと思ってはならないとしている。何か急激な変化が起きた時、慌ててしまってどうしていいかわからなくなり、日ごろ考えられないことをやることがある。後になって冷静によく考えてみれば、これは誤りであったとわかった時には、リスクは大きくなり損害は膨大に膨らんでいることになる。相場の変動を経済変動、天災を自然災害、予期せぬ出来事を事故や社会的変動と読み替えれば、現在も当時も実はそれほど環境変化の中身には大きな相違はないのである。にもかかわらず、現代社会のほうが複雑であると考えるから、リスクマネジメントやら危機管理やらなんだかんだと言って非常に大きく取り上げるのではあるが、１００年も前の近江商人の家訓の中にリスクマネジメントや危機管理の根本的な考え方が示され、実行されていたのである。

〝平常心を忘れない〟に加えて、危険・危機に対応する、変化に対応する時の極意が同時に指摘されているのである。すなわち、商家の極意は、信用を重んじ、内外の好評を得るためにわが身を慎み、諸事を節約して、家の者はお互いに和合して、ひたすら家業に励みながら時節の到来を待つことである。内容としては、受け身的な指摘に見える反面、非常に重要な意味を含んでいるのである。この点においても、現代企業における危機管理の基本的な考え方に通じるものを見ることができる。経済変動や天災などいろいろな危機に遭遇し、大きなリスクに直面した時、事業経営者がまず必要とするのは信用をベースとした資金調達ということになる。そうした意味では、「深く驚くべからず」という家訓は、現代社会での危機管理の根本的な概念、あるいは対応策がすでに示されていたと言うことができる。

（5）「不道徳な商行為の禁止」の理念

「不道徳な商行為の禁止」に関する家訓は、中井源左衛門家の「中氏西要」や山中兵衛門家の「慎」に見られる。「中氏西要」では、買占め、相場、やし（虚偽・詐欺）のことは、子孫に至るまで堅く禁止する。人生は勤めるにあり、勤めればすなわち乏しからず、勤めるは利の元なり、よく勤めておのずから得るは、真の利なりと記されている。また、「慎」では、派手な行動で人目を引くような見栄を張った商売は一切無用であると明言している。こうした家訓は、現代流の経営学で言い換えれば企業倫理の問題とも言える。儲かるから買占めをするとか、儲かるから通常は生産業務を本業としている企業が金融に手を出す、そして、それも本業よりも副業のほうに精を出し始めるといったことを禁止することを意味している。

事業を承継するということは、もともと伝統的な技術や技とか、伝統的にある財産としての家産、いわゆる事業を維持、発展させながら継続して自分の子供、孫、またその次の子孫に引き渡していくということである。そのためには、儲かるからといって大きなリスクを抱えながら、相場とか、先物取引とか、株式取引などに手を出さず、本業を重視すべきことを強調しているのである。近江商人の家訓には、事業承継の本質が非常に的確に指摘されていると言える。

（6）「始末としわき」の理念

「始末としわき」は、家訓というよりは、近江商人が商活動の中でよく使う言葉と言われる。我々もよく始末すると言う。この場合、節約するという意味で使用しているのであるが、近江商人の言う「始末」は単なる節約ではなく、良いもの、あるいは、効果のあるものには費用を出しなさい。たとえ高くついたとしても、本当に良いものであれば長く使えその効用も高くなり、結局は得をする、という概念であった。逆に、「しわき」は、必要な支出や消費までも嫌う、いわゆるケチのことである。

事業活動において、やらなければならないこと、これをやることによって非常に合理的、能率的な効果が期待できるものに対して、多少費用がかかってもそれを導入する、これは「始末」。要りもしないものにお金を出す、効果の期待できないものにお金を出す、これは「しわき」。「始末」と「しわき」を明確に区別し、節約しながら必要なものに投資をすることが必要であることを示しているのである。現代企業においても、こうした「始末としわき」の理念は財務の調達、運用、配分に関係するだけでなく、長期的な経済合理性を追求する考え方につながり、企業リスクを減少させることになる。

(7)「信用を重んじて利益を後にし、仕事を楽しむ」の理念

塚本家の「家内申合書」にも家訓として「商家の極意は信用を重んじ――」と記されている。企業活動や組織を運営する時には、目的が不可欠である。人材を集め、資金を集め、物資を集め、それらを結合することによって生産が行われ、生産したものを販売することによって利益を得るので

あるが、何のために生産をするのかといった明確な目的を持たない企業が成り立たないのは言うまでもない。それ以上に、信用のない経営活動、それを実行している経営者の不信用は、企業の存続自体を危うくすることになると言える。塚本家以上に、商活動における信用の重要性を指摘したのが五箇荘出身の山村兵八朗の「商工格言」に見ることができる。

①常に正直と勤勉を第一とし、諸事思いやりをもって熱心であれ

②客に接しては礼儀正しく尽くし、信用を重んじて利益は後に考え、仕事を楽しんで不公平を抱かず、困難に出逢っても屈してはならない

③品位を養って日頃の行いを慎み、法規を守り約束を実行し、善根を心がけ、人に知られない善行をし、他人の善行を喜び、ねたみを起こさず、神仏を敬って信心を励み、忠孝を大切に人格の修養に努めよ

④小さな商いもおろそかにせず、商品の多少を問わず親切に売れ

⑤共に働く仲間は互いに結束し、何事もこらえて腹を立てない

⑥健康と忍耐とは家を栄えさす根本であり、勉強と節約とは福を招く門である

⑦自分の立場に満足することは進歩の土台、愉快に働く者は自然と天の助けを得られる

⑧人のために尽くすことは、やがて自分のためになる

⑨一つの小さなことも手ぬかりないようにすれば、万事において大成するものと知れ

⑩職業に価値が高いも低いもない、ただ心の持ちようである

こうした山村家の「商工格言」に見られる内容は、一見当たり前のように思えるのであるが、実は非常に難しいことなのである。経営活動において正直に一生懸命働く。それでは何のために働くのか、なぜ働かなければならないのかを納得する拠り所が、その根底に必要となる。その場合に拠り所の中心となるのが、楽しく働けるように働く場所を提供してくれる企業経営と経営者への信頼、あるいは信用を確信するための理念と哲学と言うことができる。それがなければ、どんなに立派な企業と言われていようと正直に働くことはできない。当然、品質、サービス、礼節といった倫理や道徳は薄れ、顧客満足度は低下することになる。事業を継続的に維持するためには、短期的な継続観ではなく、信用を基礎にした、かつ、長期的視点に立った継続観が不可欠なのである。あの企業の製品を買いたい、あの企業から買いたい、あの企業の製品であれば買いたい、こうした顧客行動は、ここで言う信用を重んじて、楽しく仕事ができるような環境の中で経営活動をしている企業、あるいは、事業でなければ顧客は、満足して長期的には購入してくれないことになる。まさに「商工格言」にある「信用を重んじて利益を後にし、仕事を楽しむ」の家訓が意味するところであった。近江商人が、古くから事業を継続するための一つの重要な要素として信用を強調し「信用を重んじて利益を後にし、仕事を楽しむ」ことは、現代社会における企業の利潤追求の仕方（ブラック企業）に警鐘を鳴らすものと言える。

山村家の「商工格言」でさらに興味を引くものとして「健康と忍耐とは家を栄えさす根本であり、勉強と節約とは福を招く門である」を挙げることができる。健康と忍耐は、人間個人として重要な問題であるとともに、企業にとっては事業に関する人間関係や、人事や雇用をスムーズに遂行するための要素であり、ひいては企業の内部リスクを小さくする要因でもある。病気で辞めていく人や我慢ができずに辞めていく人々が後を絶たないとすれば、優秀な人材の流出によって事業活動は成り立たないことになる。経営資源としての物質的資源はお金をかければ買うことは可能となりうるが、人的資源は必ずしも常に手に入れることができるとは限らないのである。企業や経営者に全く信用がない、同業者からもあの企業はねと言われるほどに社会的信用がない。企業の中に入ったら、能率や成果ばかりが問題とされ、残業が常態化することから健康や忍耐が限界を超え、辞めていくことになる。それでも次々とうまく人材が入れ替わっていけば、人的資源の量的問題は解決できることになるのであるが、本来、人材が頻繁に入れ替わるということは、企業にとっては大きなリスクをもたらすことになる。このことは、歴史的な事実が物語っている。

「信用を重んじて利益を後にし、仕事を楽しむ」という経営理念、いわゆる近江商人の商業哲学、ものの考え方は、現代流に見れば社会に対する企業リスクへの対応に加えて、企業内部の人間に対するリスク、いわゆるリスクマネジメントが対応せざるを得ない一対象領域である人的資源のリスクを小さくする、あるいは解消し、予防し、予測するという大きな意味合いを持っていたと言える。

(8)「人材の育成と評価」の理念

近江商人の家訓を指摘してきたが、最後に「人材の育成と評価」を取り上げてみたい。人材の育成は、事業を継続させるには欠かせないものである。通常、事業の継続のためには、生産し、販売し、代金を回収し、さらにそれを再投資して事業を継続、かつ、発展させるのである。この拡大再生産方式が事業の継続を可能とするのではあるが、問題は誰が資金の調達や運用や配分を考え、経営過程の全体を管理するのかである。豊富な資金や物的資源があるからと言って、それらが意志をもって適切な経営活動の方向性や実効を決定することはないのである。現代社会においてさえ、生産技術の開発とか、技術革新の進展とか、それ自体が企業経営の大きな成長の要因であると考えている人は多いのではあるが、実はそうではなく成長の本質的な原因は人間なのである。

経営活動、商業活動を継続するには、資金が必要であり、新規の生産品が必要であり、技術革新が必要であり、それから得た利潤を再投資してさらに大きな利益を得ることが不可欠であることは否定できない。しかしながら、人間が経営資源を統制しない限り、ものであっても人であってもそれらをうまく使用することはできない。人間の持っている理念や哲学、すなわち、考え方と能力を基礎に経営資源を統制し、それぞれの企業の進む方向性を決定しなければならないのである。このように考えれば、事業承継は誰が継続的に事業を率いていくのか、また、いけるのかが大きな問題となる。そして、そこに人材の育成がなされていない場合、企業は継続的に維持・存続することは非常に困難とならざるを得ないと言える。

近江商人は、自分の事業を家産として息子、孫と順番に伝えていくことから、後継者として息子や孫を教育し、経営者としての素養を身に付けさせる必要があった。近江商人が守ってきた家訓やリスクの対象、リスクを回避する方法や予防する手段など、さまざまな教訓と家訓を教え込んで後継者としての育成を図っているのである。それと同時に、後継者を助ける人々、いわゆる管理者の養成と評価にも注意を払っている。それゆえ、「人材の育成と評価」の理念は、家訓や商売十訓の中で重要な位置を占めているのである。

近江商人の家訓の中に、どのような人を育てるかに関して「陰徳善事」という言葉を見ることができる。「陰徳善事」とは、人知れず良いことを行うこと、自己顕示や見返りを期待せず、人のために尽くすという意味であり、そうした人材育成を基本としたのである。自分の利益のために何かをする人ばかりでは企業の内部に協調性は期待できない。言い換えれば、誰かを蹴落とさなければ自分が昇進できないとすれば、自分のライバルを蹴落とすためにいろいろなことを考えることになる。こうした人材育成では、競争という意味ではいいかもしれない反面、企業はまとまりのない形だけの組織となり、企業全体に深刻なリスクをもたらすことになると言える。

こうした「陰徳善事」の人材育成には、適切な人材の評価基準が不可欠な問題となる。近江商人は、人材の評価基準に、その人の商売に関する能力だけでなく、人望や性格といった人間性を重要な評価項目としたのである。そこには長期的な視点で考慮した場合、その人の才覚よりも、その人間性を評価したほうが結局は高い業績をもたらすとの考え方が存在していた。いくら小さな企業であれ、経営活動を一人ですることは不可能であり、ある目的を達成するためにはみんなの協力を得て、全ての能力を結集する必要がある。ところがリーダーシップを取る人に人望がないとか、人間性に欠けている場合、誰も本気で協力することはないと言える。

人間の疎外要因に基づく協調性の希薄化は、企業活動にとって大きな人的リスクであり、リスクマネジメントの根本問題となるのである。それゆえ、近江商人は、商売に関する能力は誰よりもすばらしい、ところが人格とか人望という人間性に劣る場合、誰を管理者、経営者にするかといった場合、人望、人格、性格、いわゆる人間性のほうを重要な評価基準に置いたのである。トヨタ自動車にも人事評価項目に人望という項目があることを思えば、近江商人の人間性の評価に事業の承継や継続に必要な考え方としての先見性を見ることができる。

藤井彦四郎という人が、事業に邪魔になる人の特徴を次のように指摘している。
①自己の職務に精進することが忠義であると知らぬ人
②共同一致の融和心なき人
③長上の教へと他人の忠告を耳にとめぬ人
④恩を受けても感謝する心にない人
⑤自分のためにのみ考へ他人のことを考へぬ人
⑥金銭でなければ動かぬ人
⑦困難に堪へずして途中で屈服する人
⑧自分の行いに就いて反省しない人
⑨注意を怠り知識を磨かぬ人

⑩熱心足らず実力のないのに威張り外見を飾る人
⑪夫婦睦まじく和合せぬ人
⑫物事の軽重緩急の区別の出来ぬ人
⑬何事を行ふにも工夫をせぬ人
⑭国家社会の犠牲となる心がけのない人
⑮仕事を明日に延す人

以上のような近江商人の家訓が集大成され、「商売十訓」といった近江商人独自の経営理念や経営哲学が形成されてきた。経営理念や経営哲学は、目的を達成させる基になる考え方、あるいは拠り所である。経営理念や経営哲学がはっきりしていれば経営活動はより明確となり、リスクの発生は小さくなる。それゆえ、リスクマネジメントや危機管理を企業活動に適応する時、わざわざ特別に応用するのではなく、企業経営や事業をする時のものの考え方の中に、すでにリスク観が含まれていたのである。こうした近江商人の考え方は、現代社会で事業を承継し、維持していく上で参考になるものを示唆していると言える。

4　大阪商人の経営理念とリスク観

大阪は近江と違ってもともと商業活動の中心地であり、江戸時代以来今日に至るまで近代化を行ってきた。この大阪商人にも近江商人と同じく商活動に対する哲学が存在しているのであるが、その内容は少し異なっていたと言える。「近江商人の商売十訓」に対して大阪商人の経営理念・経営哲学はおおむね三つに区分され、「商に三法あり」とされる。

(1)「始末すること」の理念

近江商人の家訓にも「始末」が出てきたが、それは節約するのではなく、良いものであれば高くても買って事業に役立てなさいという意味であった。大阪商人の「始末すること」は、辻褄を合わせるということであった。収入と支出の計算が合っているかどうかを常にチェックして、無駄を省いた効率良い経営活動、商業活動を常に考えるという哲学である。「始末をする」ということは、節約をするということでもなく、高くても良いものは買いなさいというのでもなく、出したものと入ってきたもののバランスの重要性を指摘しているのである。現代的な経営学で言えば、費用と収益の均衡を取ることと言える。これは現代企業にとっても一番根本的な問題なのである。お金を出すということは、必ずお金に見合った収益が入るかどうかを考えて支出することになる。まさに大阪商人の「始末」は収入と支出の計算が合うこと、また、無駄を省いた効率の良い商いをすることであり、「後始末をする」は経営的には経営計画と成果を比較し、辻褄を合わせることであった。

(2)「算用をすること」の理念

「算用をすること」とは、何事もそろばん勘定をし、一回一回の取引で確実に利益を上げるという考え方である。一人一人のお客との商取引で損をしないで儲けさせてもらうことを念頭に置くことは、長く商売が続けられる基であるから算用が大事であるとしている。そこには短期的な視点から儲けなさいというのではなく、一回一回の商売を積み重ねることによって、事業を長く維持しなさいという長期的な視点での考え方が含まれている。近江商人の経営理念とは少し異なるのではあるが、双方とも事業を長期的、かつ、安全に維持するという点では大きな相違はないと言える。

(3)「商才、才覚を養う」の理念

「商才、才覚を養う」は、近江商人の「人材の育成と評価」にあたる。商売は、その時々の環境によって大きく影響を受けることから、商売には機があるとしている。その機を見る機敏な目、機敏に感じる感覚、それを取り込む行動力を商才、才覚と称し、そうした能力の養成を主張している。多くの大阪商人が丁稚奉公の中で実践的に商行為の真髄を経験によってたたき上げられ、商機を見る目や感覚を身をもって習得したのである。

こうした大阪商人の考え方は、近江商人の信用や信頼、あるいは道徳を基礎にお客を大事にし、社会と調和を取る経営理念に対して、より現実的な経営理念や経営哲学を持っていたと言える。そして、大阪商人の経営理念を支えたのが、近江にはなかった懐徳堂という商人のための学校であった。

5　大阪商人を支えた商業哲学―懐徳堂の教え―

懐徳堂は、1724年に設立され、大阪の町人たちが商業活動の基盤となる倫理道徳を学んだ私塾で、のちに大阪商人が経営理念をもって事業を継続していく考え方を持つ基を学ぶ大阪学問所となった。大阪学問所では論語や孟子といった中国の哲学を講義していた。特に、商業活動や営利活動の実践を勉強するところではなく、大阪商人は人の道について勉強したのである。それに大きな役割を果たしたのが懐徳堂であった。懐徳堂での講義では、中山竹山の「正義と利益」の関係、三宅石庵の「義と利」や「学と道」など孟子や老子の哲学を基礎に商人が取るべき道を説いていた。

懐徳堂での「正義と利益」の関係は、利益を否定したのではなく、利益だけを追い求めることは悪である。自分の欲を満たすためにのみ商業や経営を行って儲け、利益を得ることは義に背くことであるとしている。逆に、世のため人のためになろうと思って行った結果、多くの人が買い求め利潤が上がったものは悪ではなく、いわゆる義であると考えたのである。こうした老子や孟子の哲学を基礎とした懐徳堂の考え方は、アメリカ企業におけるプロテスタンティズムに類似するものであり、多くの大阪商人が商売の拠り所として勉強したのである。

経営理念は、商業活動や事業をする時の基になる考え方、あるいは拠り所となるものである。これがないと何をやっていいのかがわからず、行き当たりばったりのやり方で経営や事業をすることになることから、当然にリスクは高くなる。それゆえ、近江商人であれ大阪商人であれ、リスクマネジメントや危機管理などの勉強をしている時代ではないけれども、現代、我々が言う危機管理と危機意識は経営理念の中に十分、かつ今以上にすばらしいものが含まれていたと言えるのである。

懐徳堂の注目すべきもう一つの教えが「学と道」である。「学」とは何を学ぶのか。「道」を学ぶのである。「道」とは何か。「人の道」である。禅問答のようではあるが、人間として生まれたからには人の道を学ばなければならない。これが老子や孟子の教えということになる。言い換えれば、経営学を勉強するとは、何を勉強するのか。金儲けの方法を勉強するのか、あるいは、経営活動を通して人の道を勉強するのかを問うことになる。企業とは何か、あるいは経営とは何かを問うことは、次第に管理階層をのぼり経営者階層になればなるほど考えなければならないことである。そこには経営理念や経営哲学の存在が不可決であることは言うまでもない。現代の企業経営や事業経営において経営理念の希薄さが指摘され、経営理念の役割と意義が問い直される時、古い時代の近江商人や大阪商人と言われる人々の考え方には、古そうに見えて超現代的な経営理念や経営哲学に匹敵する考え方が含まれていたことが理解できる。歴史は過去の過ぎ去った事象として葬り去られるものではなく、実は現代社会よりもさらにシンプルで、よりわかりやすく企業経営や事業経営の内容を示してくれるという意味において非常に有意義で、示唆に富むものと言える。

近江商人と大阪商人の経営理念と経営哲学を説明してきたのであるが、基本的に見られるものは人間性、人望、人の道という言葉に代表される経営理念であった。現代企業においても同様であり、現代企業が継続的に維持するために何が必要かと問う時、技術革新であるとか、経営革新であるという答えが返ってくる。本質的にはそうではなく、実はその中で働く人の問題であることを関西商人の経営理念や経営哲学が示していたと言える。さすれば、現代社会においてさえ、人間の問題をうまく経営理念や経営哲学としてまとめ上げることが、企業や事業を維持・継続させる根本的な基本ということになる。

そういう意味では、懐徳堂の教えを基盤とする大阪商人の経営理念のほうが、どちらかと言えば現代企業や現代事業を維持する考え方としては近いものがあった。一方、近江商人の家訓や商売十訓は、伝統的な商行為の拠り所として代々伝わっていくものであり、連続性の家訓であったと言える。親の家訓は子の家訓、子の家訓は孫の家訓として代々家訓が承継されることから、それを途中で止めることは困難であった。それゆえ、ある一定の規模で企業や事業を維持する場合にはかなりの効果を発揮することができる反面、現代社会での経済変動や企業規模の拡大が急速な場合には、こうした伝統的な継続的家訓は使いづらいと言われる。とはいえ、その中には現代の我々が参考にすべき多くの考え方が指摘されており、リスクを予防し、認識し、解決するヒントが多く含まれていたことは否定できない。

大阪商人の経営理念は、どちらかと言えばアメリカ型の企業経営に適応されているやり方であり、積極的なリスク管理につながっていく考え方として見ることができる。逆に、近江商人の家訓は、ヨーロッパ型の企業経営に近いものと言える。ヨーロッパの多くの企業が家の財産として事業を代々承継させることから、事業の発展というよりも、事業の維持・存続を目的とした保守的なリスク管理を心がけてきたのである。このように考えれば、現代での事業承継における経営理念は大阪商人型なのか近江商人型なのか、リスクマネジメントは積極的リスク管理なのか、保守的リスク管理なのかを考える上で関西商人（近江商人・大阪商人）の経営理念と経営哲学は歴史の時間を超えて重要な意義と役割を与えるものであると言える。

6 おわりに

経営学が認知されて１００年そこそこである。経営学が研究対象としてきた企業はゴーイングコンサーンとして維持・存続することを基本としている。倒産しないために何をいかにするかを常に考えるのが経営者の最大の責任なのである。商業活動においても関西商人に見られる家訓や経営理念が生まれ、できるだけリスクを犯さず、避ける方策が実行されてきたのである。それにもかかわらず、時代の変化とともにリスクや危機が発生することから、そうした家訓や哲学が古臭いものとして企業活動の中から除外されてきている。いわゆる能率主義や合理主義が取り入れられ、競争に勝つことが企業の維持と発展にとって必要不可欠の要素となってきた。

しかしながら、企業を取り巻く環境変化が激しくなるに従って、常に競争に勝ち続けることは不可能である。これは日本企業にも言えることである。飛ぶ鳥を落とす勢いで世界を駆け巡った時代もあったが、今や世界で胸を張って経営活動を以前と同様にできる日本の企業は多くないことは周知のところである。経営のやり方、戦略の立て方が古いとか新しいとかという問題ではなく、企業そのものが一体何をする企業なのか、何のための企業なのかを認識する拠り所となる経営者の理念や哲学が明確でなければ、その時々の環境や状況の変化の中でまず近視眼的に勝ち抜くための方法を見つけ出そうとすることになる。さらに環境と状況が変化すれば、新たに勝ち抜くための方法を模索することになるのであるが、必ずしも考えられるとは限らず、理念や哲学が常にぐらつくことから企業リスクは大きくならざるを得ないのである。

今日、現代企業の経営者に限らず、中小企業の継承者に求められているものは、経営者が一体どのような考え方で企業を最適にコントロールするのかということである。それも、企業の内部と外部の人々にとって信頼される経営者として経営活動や経営戦略を提供できることである。加えて、考えられない状況の中で発生する損失やリスクを、いかに減少させ、解決し、予防するかというリスクマネジメント（リスク観）が要求されているのである。近江商人や大阪商人は、現代企業の直面する経営問題をすでに自分たちの商業活動の実践に関する考え方の中に持っていたのである。現代人として反省すべき点、あるいは、参考にすべき点は歴史の中に非常に多く存在しているということであり、ぜひとも今一度読み返してほしいものである。現代企業の維持・発展を考える時、経営活動における経営理念や経営哲学の重要性と役割、それに関連したリスクマネジメントや危機管理の意識と実践が近江商人や大阪商人の家訓や経営理念の中にすでに見ることができたことは、これをいかに適切にかつ有意義に現代社会の中に適用したり、応用したりすることができるかを、今後考えながら学習することが求められる。懐徳堂の教えに従えば、それが経営学を勉強する人にとって、学問の道であり、人の道であると言える。

（事業承継に関する講義内容に修正・加筆を加えたものである。）

Ⅱ 伝統産業における事業承継—日本酒業界の場合—

大門酒造蔵元兼杜氏、社長　大門　康剛

1　本章の構成

本章では、伝統産業における事業承継の事例として日本酒業界をとりあげます。講師は大門酒造蔵元兼杜氏、社長の大門康剛様です。事業承継の問題を、酒造業という固有の事例を通じ、普遍的な視点と関連づけながら検討することを目的とする章です。本章の構成は、酒造業という伝統産業に固有の視点から、「日本酒業界の歴史と現状」をお話いただき、ついで「『もの』を造り続けること、『市場』へ適応すること、『後継者』をもつことという事業承継の三つの要件、を普遍的観点から検討します。その後、再び酒造業固有の視座から、「日本酒業界において『もの』を造り続けるということ」、「日本酒業界の市場への適応の問題」、「日本酒業界固有の後継者の問題」について紹介します。さらにいよいよ核心に迫り、「大門酒造の事業承継」を、「市場を海外に」という観点から具体的にお話いただきます。

2 日本酒業界：その歴史と現状

本日は、学者でもコンサルタントでもない、現場で、一つの事業所で必死にやっているおやじという観点から伝統産業の事業承継の問題をお話します。

私のところでは、今から振り返りますと非常に早くて、1995、1996年ごろぐらいから日本酒の輸出ということを手掛けておりました。その実績がNHKの目に止まり、「ルソンの壺」で紹介されましたが、これは大門酒造のみが成功したということではなく、日本酒業界の一つの例として位置づけていただきたいと思います。そこで紹介されたことも含め、日本酒業界のお話から始めます。

日本全国で今、酒造業は、灘、伏見のような大きな、例えば皆さん方がテレビでコマーシャルを見ておられるブランドから、規模的には非常に小さいが、吟醸酒というものに特化して、それぞれのブランドをご提案しながら全国各地で酒造りをしている酒蔵まで、全部合わせて何軒ぐらいあると思いますか。ちょっと遡ってみますと、江戸時代、の当時と言いますのは、全国津々浦々にその酒蔵があったという時代でして、明確な資料はないんですが、何万件ですね、数万件あったと思われます。その当時は、ちょっとした村、町には酒屋とか、豆腐屋とか、しょうゆ屋とか、みそ屋とか、そういうのがあったわけですから。ところが時代が変わりまして、明治時代になったころには、約８０００から１万件ぐらいだったと言われています。もっと時代が下りまして、昭和20年代前半ですね。第二次世界大戦が終わったころ、このころで約５０００件になっています。

そこから、だんだん企業統合が進みまして、今から三、四十年前の、昭和50年ぐらいには、このころにはオイルショックというのがあったのですが、３５００件ぐらいに減っているんです。平成になったころに２５００件、平成10年に、１７００、１８００件。そして平成26年現在は、約１３００件ぐらいです。だんだん減ってきているでしょう。

減ってきているというのは、脱落したり、あるいはやっていけなくなったり、廃業したりした結果です。これは自分の意思で辞められたところ、やっていけなかったところ、いろいろあると思いますが、まさに事業承継というのができなかったということです。結果としては、ここ50年ぐらいの間に、５０００件が１０００件になりました。この淘汰というのは、まだまだ続いているんです。

その中で、私どもがどういう変化にあって今に至っているかということを理解していただこうと思います。そのことが翻って、事業承継をするには、何が必要であるかということの理解に資するのではないかと思います。

「適者生存」という言葉をご存じですね。文字通り、その環境に適したものだけが生き残るという意味かと思います。例えば地球では化石時代から生命が生まれてきて、そして大きな強い恐竜とか、そういうものがいた時代が過ぎて、現在に至っている。この長い歴史における適者生存ということから学べるのは、力の強いもの、あるいは大きいものが未来に向けて、将来に向けて生き残っていけるわけではないということなのです。

「適者生存」とは、環境の変化にいかに最適に適応していけるかということであり、そのことが一番大事なことだと思います。この50年ぐらいの間で、この酒造業界というのが、どういうふうに変わってきたか、その中で、どういう適者生存のための適応力が求められたのかということをお話したいと思います。

3　事業承継の三つの柱

(1)「もの」を造り続ける・「市場」に適応する・「後継者」の存在

それでは、アルコール飲料製造業としての大門酒造が生き残っていくために、日々まずやらなければならないことは何でしょうか。この問題を中小企業の事業承継という一般的視点から、まず考えてみます。生き残るためには三つの柱が必要です。第一の柱は当然のことながら、「もの」を造り続けるという能力です。そしてものを造り続けるための人的な配置や技術の向上に対するたゆまない努力、あるいは、敏感にアンテナを張って、新しい技術、情報の大きな流れを見失うことなく、その中で技術の研さんを努めていくこと、これらが、言ってみれば、一番基本であると思います。

これなくして、後の販売や商品化や、あるいはマーケティングや市場戦略というのは、実は成り立たないのです。

整理して申し上げますと、まず、コアビジネスである商品とか製品の品質を常に向上させていく、それを最高に保つ、そのために新しい技術を入れる、これがものを造り続ける能力であります。ところが、それができたとしても、環境の変化に対応していかなければ生き残っていけない。環境の変化への対応と言いますのは、市場というものについていく、あるいは市場の変化に対応していくことです。市場が、もし消えるというリスクがあるのであれば、それをできるだけ早く察知して、新しい商品とか、新しい商材、サービスの立ち上げに向かって、いち早く手を打っていく。これが第二の柱である、「市場」への適応ということです。

第三の柱は「後継者」の存在です。実は、事業承継ができなかった例が何十万社とありますが、一番のトップ要因は後継者がいなかったということです。つまり、いわゆるファミリーのメンバーの中の次の世代、例えば経営者の子供たちの中に、その事業を継ぐ意志がある者がいなかった、あるいは、継ぐ力がなかったという問題です。しかしもう一つあるのは、親としての事業経営者の立場です。事業経営者といえども人の子の親なので、後継者の問題を自分の子供という視点で見たときに、自分が続けてきたこの事業を、この子が続けることがこの子の幸せになるのか、と考えてしまいます。

こういういろんなファクターがある中で、事業として、その業界の中での立ち位置も盤石、市場環境も、明日から突然酒を飲まなくなる人がいなくなるというわけではなく、良好、ブランドも確立している。そして、そういう相続に関する全ての手続きも万全、次の世代もいる、このように全てがそろっている確率は低いのです、実は。ですから、データ的には、毎年何十万社が結局、継続できていないという大きな現実が存在するわけです。反対に言うと、先ほどの三つの柱の全部をクリアできれば、事業が続けられるわけです。そういうふうにいくことを願いながら、私も一生懸命やっております。

(2) 日本酒業界において「もの」を造り続けるということ

まず第一の柱、「もの」を造るということなのですが、この業界は、非常にユニークな製造体制をとっております。皆さん方、私はタイトルのところで、大門酒造の蔵元兼杜氏でございますと申し上げましたね。杜氏と言いますのは、木偏に土と書いて杜、そして、氏と書いて、「とじ」と読みます。

この杜氏と言いますのは、いわゆる酒造りの業界の中の技能職でございます。いわゆる酒造りの最終責任者、ものづくりにたとえると、工場長さんとか、技術長さんとか、こういうイメージです。普通は、例えば工場長というのは、当たり前のことですが、その会社の従業員さん、社員さんです。

ところが我々の業界は、杜氏、蔵人制という非常にユニークな制度をとっておりました。この杜氏、蔵人という方々というのは、基本的には社員ではないのです。季節雇用者なのです。季節雇用者は昨今の雰囲気でいうと不安定かなと思われるんですけど、杜氏はそうではありません。基本的にはこういう杜氏、蔵人の方々というのは、冬に非常に雪が多いとか、冬に農作業ができないとか、非常に過酷な環境のところにお住まいの方々です。杜氏はこの方々が酒造業界と手に手をとって、いわゆる発酵技術という、非常に高度に洗練されたバイオテクノロジーを身につけた集団であり、自然発生的に江戸時代からできてきました。

この方々には、例えばこの近くでありますと但馬杜氏、丹波杜氏、遠いところは石川県の能登杜氏、岩手県の南部杜氏などがいます。こういう特殊集団が約二十幾つあります。こういう方々は、普段は農業をされていたり、漁業をされていたりするのですが、そういう仕事ができない秋になってくると、特殊な集団をつくります。それは例えばA杜氏の元に5人の蔵人さんがついてきて、職人さんがついていきて、そして全国それぞれの蔵に行って、そこで寝泊まりをしながら酒造りをする、というシステムです。

このシステムは我々とWin-Winの関係にあると言えます。我々酒造業にとりましても酒造りというのは秋から春までの、非常に季節作業なのです。4月から10月ぐらいというのは、酒造りはどこの蔵もしていません。この間は暑くなりまして、発酵の環境のコントロールが難しくなりますから、寒いときに仕事をするのです。そういう意味では、こういう杜氏、蔵人さんを秋から冬に招いて、そして集中的に酒造りをするという方式は、お互いにとってWin-Winの関係でした。

ところが、こういう杜氏、蔵人集団が、半年間家を離れなければならない、家族から離れなければならない、あるいは昔に比べると、全国各地で新しい仕事をする機会が増えた、等の理由で、だんだん消滅に向かっております。恐らくあと10年しますと、この集団自体が、結果的にはなくなっていく可能性があります。ではどうするのかというと、当然のことながら酒造業の社員がこういう仕事を継承して、そして酒造りを続けていかなければならない。

今がこの業界の、いわゆる変化のときであります。既にそういうことは二、三十年前から予見されておりましたので、早い蔵は10年ぐらい前から社員が酒を造る、蔵元が酒を造る、現場の長になるというシステムでやっておられます。我々も、ここ6年ぐらい前から、私が杜氏を兼務いたしまして、そして社員と一緒に酒造りをしています。

ですから、まず事業承継の中で一番大事なのは、当然のことながら、一番コアになる本業の部分、即ち、「もの」を造るということそのものの継承ということだと思います。

(3)「市場」についていく：市場における適者生存

その次の事業承継の柱は、いわゆる「市場」、即ち、「必要とされている」ということです。ところが、その必要とされているものが、明日、来月、来年、3年後に引き続き必要とされるかどうか、これは大きな問題です。仮に私どもが酒造業として、酒造りを続けられるとしても、そのマーケットが小さくなったり、あるいはなくなってしまうと、幾ら良いものを造る技術を身につけていても、事業としては立ち行きません。

これはある種、非常に恐ろしいことで、一つの会社とか、あるいは業界とか、あるいは個人の、願い、努力、それが全く効かない世界なのです。会社や業界の思いとか、歴史とは関係なく、社会、消費社会、あるいはニーズというのは、どんどん変わっていくわけです。

このことの象徴的な例としてカメラ業界があります。カメラはほんの10年ぐらい前ですか、デジタル化になりましたね。その前は何だったか覚えていますか。フィルムですよ。マテリアルとしてのフィルムを、カメラの裏ぶたを開けてガチャンと入れて、フィルムを引っ張りだして、いわゆるローディングして、そして写して、写したものを出して、写真屋さん、現像屋さんに持っていく。このとき、フィルムの性能について、一番良いものをつくる技術があったとします。例えばコダックという会社がありました。コダクロームという、まだ白黒写真の時代からも非常に色の再現性が高い、素晴らしいフィルムがあり、それを追いかけて、日本の富士フイルムとか、小西六、サクラフィルムとかがありました。

ところがデジタル化の波というのがきて、あっという間に、そのフィルムカメラが、デジタルカメラに変わっていきました。そうしたら、コダックとしては、あるいは富士フイルムとしては、最高のフィルムをつくる技術があるにもかかわらず、マーケットは消えるわけですよ。消えたんです。現実に。

もちろん今、フィルムは売っています。ところがこれは、いわゆるマニアックな、非常にニッチな商品で、とても商品として存在しているとは言えません。こういうふうに、恐ろしいことに、環境の変化というのは突然やってくるわけです。

コダックというところは、その環境の変化に対応できたのでしょうか。できなかったのです。そのときのトップシェアを持っていて、一番自信があって、一番大きくて、世界のブランド力もトップだったから、フィルムがなくなるというイマジネーションすらなくて、結局そこで、10年前、20年前から手を打ってこられなかった結果、コダックというところは破綻したんです。

一方、日本でトップでした、富士フイルムは踏ん張ったんです。何をしたか。そこからＩＴのほうに行ったり、デジタルカメラをつくったり、基礎化粧品を出したりして、生き残った。これが環境の変化に対する事業の、適者生存の、一つの例だと思います。

こういうふうに考えていきますと、マーケットが消えた例というのは、たくさんあります。ミシンもそうです。昔は、母親が子供のためにミシンを踏んで、日用品をつくっていました。当時は、ミシンというのは各家庭にあって、嫁入り道具だったのです。必ずあった。

ところが、需要がなくなってくるんです。日用品は買ったほうが安い、母親、女性の方々がミシンを使う時間がなくなった、という具合に環境が変わりました。トップメーカーの、例えばブラザーさんというところは、ミシンがなくなったら、コア商品であるミシンを何かに変えていかなければならず、今度はコピー機とか、ファックスとか、そういうふうに変化していったわけです。

こういう例というのは枚挙に暇がありません。現在、毎日毎日、毎年毎年、新しい会社が企業家精神に燃えてベンチャースピリットで新しい事業を興されていきます。本当に新しい会社が、何万社も毎年できているんですが、同時に何十万社が毎年毎年、立ち行かなくなったり、なくなっていっています。統計的に見ますと、10年間で10分の1、10年間で10社に1社しか生き残れない。30年では何と、４０００社に1社しか残れないのです。

酒造業界というのは、非常に特殊でございます。私どもは１８２６年にできております。文政9年ですから、約百八十七、八年前の創業です。これがこの業界、酒造業の特性で、伝統産業の、非常に伝統的なものです。そういうふうに長い歴史の中で、大門酒造がすごいなという評価をありがたいことにいただいております。酒屋では不易流行を大事にしております。

不易というのは、簡単に言うと変わらないもの、変わらないことだそうです。そして流行というのは、はやりもの、変化するもののことです。全部変わらないとすれば、これは多分、立ち行かなくなりますね。全部流行、変化ばっかり追ってたら、これも非常に難しいと思います。基本的には、堅持しなければいけないものと、はやっていくものとのバランスが不易流行です。市場の変化に対応しながら事業として継続していくのは、このように非常に難しいという、一つの例であります。

（4）市場についていく：市場でのアピアランスを確立する

次に、ちょっとまた違うお話をしましょう。ブランドという言葉がありますがこれは何でしょうか。ブランドというのは、例えばルイヴィトンもブランドであるし、オメガもロレックスも、あるいはベンツも、アウディも、例えばＧｏｏｇｌｅも、マイクロソフトも、これ、全部ブランドであります。ところが、そういう全体的なブランドの中で、特に嗜好品、我々の業界の中におけるブランドというのは、非常に多相性に富んでいます。

ブランドと言いますのは、それにより、消費者の方々が一つのイメージを構築できる、それも非常に高いレベルのイメージを構築できるキーワードのことだと思います。そしてイメージが、夢のようなことではなく、実体としての、内容としての物語性というのを構築できる、これがブランドだと思います。ブランドは嗜好品において重要な役割を果たします。

私たちの、日本酒というのは、ジャンルから言うと嗜好品で、好みに左右される部分が非常に多い商品であります。嗜好品の反対側には機能性商品というのがありますね。嗜好品と機能性商品の違い、これは何でしょうか。

ある蔵の酒を10人の方々にテイスティングしていただくとしますね。このときには当然、お酒の持っている味わいの、いろんな分析の数値というのがあります。どれだけ糖分が含まれているか、酸度はどれぐらいか、アミノ酸はどれぐらいか、アルコール度数はどれぐらいか、これは数値で表されます。

ところが、この数値が出てくるとしても、トータルな、いわゆる味わいとしての印象というのは、それぞれの消費者、それぞれテイスティングする方の、これは優れて主観的な好みにかかわるところが多い。なぜかと言いますと、テイスティングするときの一つの基準は舌ですが、その舌というのは年代であるとか、生活体験、食事の体験によりまして全部違います。ですから、そういうような意味では、A、B、Cという異なった商品があって、それが全部、基本的に、数量的にいいお酒というレベルをクリアしていたら、あとは好みの問題というところがあります。これが嗜好品の特性です。

ところが一方、機能性商品については、例えばそれは、こういう工業製品とか、車とか、そういうものですが、機能が良ければ良い製品ということになります。例えば１００キロに加速するまで10秒の車と、11秒の車だったら、10秒のほうが速いわけですから機能的には上なんです。

いわゆる嗜好品というのはこのように機能性商品とは違い、特に我々の場合は、機能による善し悪しの判断がない分、このブランドというものが大事になってきます。ブランドの売れ行き、そして消費者の受け取り方に非常に関係してまいりますので、ブランドをつくるという作業が、非常に大事なところとなります。

このブランドを構成するには何が必要か。それには、大門酒造とは何者でそれはどこにあるか、どんな人が造っているか、このお酒の特性はどんなものか、何を伝えたいのか、あるいは、その伝えたいものを、どういう色のボトルで、どういうラベルを張って、そこにどんな情報を入れて、最終幾らで売るのか、こういうトータルな仕事が要ります。

これが、いわゆる製品化の流れの中でのものづくりと相まって行う、そのブランド確立のためのいろんな作業なのです。これを日々積み重ねていく。そして、長い間、一定期間積み重ねていって初めて、そのブランドというものが、それを聞いていただいたときに、それを店頭で見ていただいたときに、消費者の皆様方が、それに手を出していただくことになるという、購買のレベルに流れていきます。

ですから、このブランドづくりというのは、非常に大事でありますが、ブランドづくりができなかった、あるいは明確にできなかった場合、言い換えれば、市場でのアピアランス、いわゆる訴求力がなかったブランドというのは、やっぱり市場から退出、立ち消えていってしまいます。つまり、事業承継のためには、商品そのものの、液体としての商品そのものの良さと相まって、それを消費者の皆様にお届けするブランド構築というのが非常に大事だということです。

(5) 市場についていく：流通チャネルの変化

いいものができた、中身の品質は自信がある、皆さんもおいしいと言っていただいている。そしてブランド構築も商品化もできた。さあ、その次に必要なのは何でしょう。これは販売していくことです。このとき重要になるのが、販売のためのチャネル制作をどうするか、つまり、まず市場に、そして最終消費者の方に、どうやって届けていくかという問題です。

最近では製造小売というのが当たり前になってきました。流通にはいわゆるメーカーがあって、そして問屋があって小売店がある、そして消費者という、縦の流れがありますが、これを通さない、製造小売というスタイルが、最近ではもう当たり前になっています。いわゆるメーカーが、全部ではないですが、一部は、既に直接消費者に売るという形態をとっています。

ところが、二、三十年前、四、五十年前というのは、それは非常に珍しい例で、ほとんどが伝統的な流通チャネルを通していました。ですから、大門酒造の酒ができましたら、今度は何々物産、何々商事という問屋へ何百ケースと卸します。そして問屋さんが、今度は何々酒店、何々酒店というところへ子卸で1ケース、2ケースと、また販売していました。例えばA酒店に私たちの商品が、そのチャネルを通って1ケース届きましたら、小売屋さんが、これをまた小売し、消費者の方々に1本ずつ売っていただいていました。このようなプロセスの中で、一つずつのビジネスが全部関連し、トータルのビジネスが構成されておりました。

このプロセスが主流であった時代には、メーカーにとってお客様は消費者ではなく、第一義的には次に卸す問屋さんや小売屋さんという意識が強かった。この当時は、日本酒というものが、あるいはアルコール飲料というものが嗜好性の商品であるという側面がまた非常に少なくて、いわゆる酔うための、アルコールそのものの酔い心地を楽しむという時代が戦後、長らく続きました。これは、ある種、豊かな時代に至る前史みたいなものなのですが、その当時は、お父さんが毎日、一生懸命働いて、そして夕食のときの晩酌の楽しみに、アルコール飲料の中から好みに応じて、ビールや日本酒を、そしてたまにはワインやウイスキーを飲むというのが一般的でした。そういう時代では、酒屋さんに行っていつものお酒を注文し、配達してもらうという商習慣でした。基本的には習慣で買っていますから、Aさんはムクネですね、Bさんは何々正宗ですね、と、酒屋さんもお客様のニーズを考える必要がなく、いつものお酒を用意するという流れが主流でした。

ところが、人間というのは、だんだん豊かになってまいりますと、ここに情報というのが入ってきます。今までは、酒屋さんにいつものお酒を頂戴と言っていたお客様が、新潟の何々〇×というお酒あるかなと注文するようになりました。酒屋に注文品がない場合、その酒に一番近いものを薦め、お客様も仕方なくそれを買っていました。ところが、またその状況が、どんどん消費者社会の発展とともに、消費者がいわゆる情報というものを自分で得る時代になってきますと、お客様の注文品が酒屋にない場合、消費者が自分の意志で、自分で集めた情報の商品を探しに行く時代になったのです。これはえらいことなのです、革新的なのです。消費社会の発展形態としての、消費者の消費行動の変化だと思います。そうなってくると、伝統的チャネルによる、売り手の都合による販売の仕方では商品が売れなくなった。もっと言いますと、消費者が欲しい商品、消費者に求められる商品が造れないと、販売店も卸店も問屋も、そしてメーカーも自分がやっている努力が全然報われない時代になっていったのです。

今、消費者の消費行動の変化がリードしていった、この流通の変化がどんどん続いています。ですから、できたもの、自信のあるものを、いかにして売っていくかということも、そういう流通チャネルの変化を含めた上で、当然適者生存の法則にのっとって考えなければなりません。今まで売っていった問屋さんから注文が来なくなった。あるいは、問屋さんの下の小売屋さんからの注文が入ってこなくなった、そういうサイクルに入ってきたと思ったときには、当然のことながら、その消費者の意向に沿った販売方法というのをとっていかなくてはなりません。これまでの伝統的なチャネルに頼るのでなくて、自分で消費者にダイレクトメールを出してアプローチをし、そして、中間流通の方々を経由しない、いわゆる製造直売という方式に変化していかなければならないのです。

皆さん方の世代というのは、物心ついたときからデジタルデバイスというものを扱っておられますから、実店舗に行って買うこともあるでしょうが、アマゾンや楽天やヤフーで買うということが当たり前になってきています。我々、製造者というのは、これに対応していかないけません。今、流通における適者生存の法則にのっとったメーカーの判断、あるいは施策は、我々の業界だけではなく、非常に大きな課題になっています。

(6) 第三の柱：後継者の存在

事業承継の大きな話の中で、酒造業という一つの業界の幾つかのポイントを見ていただきました。これだけの関門があるわけです。しかしもっともっとあります。今までのお話は、いわゆるものを造って商品を造ってサービスを提供していくということの中での変化についてでしたが、この事業承継には全く違う側面があります。

今までの時代の事業承継の中で、クリアしなければならない課題、乗り越えなければならなかったこと、これから将来に向かって、各事業所が事業承継のためにやらなければならないことなどは、これまでお話してきたように、質的にも量的にも人的にも、いろんな意味でどんどん難しくなってきているような気がします。この資料の中のデータにもあるように、例えば毎年、数十万社がいわゆる事業の継続を断念しています。それは倒産も含め、また整理も含め、いわゆる積極的なきれいに終わるものも含め、数十万社、二、三十万社と書いてあったと思います。

この中の一番多い理由の、トップ3ぐらいが人的な要件なのです。それはフィナンシャルな資本的なお金の調達の問題ではないのです。人的な観点からは規模にかかわらず、事業承継の、全く違う側面が見えてきます。

これは、どういうことなのでしょう。私ども大門酒造も株式会社でございます。大門酒造株式会社。トヨタ自動車、トヨタ自動車株式会社、Ｇｏｏｇｌｅ株式会社、ソニー株式会社、サントリー株式会社、みんな、株式会社ですね。株式会社は法人であり、法にのっとった人格、いわゆる事業体です。株式会社とか有限会社とかありますけども、基本的には自然人の人格じゃなくて、法にのっとった、いわゆる会社法とか、いろんな日本国の法にのっとった事業体で組織ですね。

それではトヨタ自動車株式会社と大門酒造株式会社と何が違うんでしょうか。大門酒造株式会社は昭和23年に15万株の株式、株券を発行して個人事業から法人化して株式会社にしました。そのやり方は、身内の中でオーナーが資本金を出して、当時30万とか50万出して、それを１株１００円で割ったら10万株とかになりますが、その10万株を自分個人で引き受けるというものです。あるいは、兄さんとか、おじさんとか、一族郎党を頼んで株券を発行して、そして株式会社組織に法的に手続きし、スタートしました。恐らく、巨大会社さんも経歴的には、そういうことです。

それでは最大の違いは何か。いわゆるパブリックな会社、上場している会社、他人資本が入っている会社、いわゆる公的なレベルに発展している会社とは異なり、日本の中小企業４００万社の中の99％の中小企業の法人の株式というのは、ほとんどが公開されていません。いわゆる株券というのは存在していますけれども、その流動性は低いわけです。例えば大門酒造の株券というのを発行していますけれど、株式を公開していませんから、それを証券取引所とか何々証券さんに持っていって売ることはできません。

大門酒造株式会社が世代を超えて存続するためには、事業が仮にうまくいった、こういう今の流れの中で酒造業としての事業承継については、必死で頑張っていいものを造った、そしてブランドを構築してチャネル政策も実行して、そして時代の変化に対応できるようになった、としても、大問題、即ち、私がいない状態というのを考えなければならないのです。今、私と言いましたのは一つの例ですが、このことは、いわゆる中小零細企業で個人的なパブリックな上場していない会社の共通の課題だと思います。

この課題の中の一番なものは、個人資産の問題です。例えば酒造業というのは、先ほど申し上げましたように私どものように２００年近くやっているわけです。ほかのところは３００年、４００年というところもあります。そういうところは、事業体としては酒造会社の株式形態をとっていますが、そこにあります工場の敷地とか建物、それらは江戸時代からずっとあるのが一般的でして、それは個人資産なのです。ですから、個人資産である土地の上に工場、蔵があって、その蔵を運営する会社、米を仕入れて酒を造って売る会社としての、酒造会社は株式会社になっていますが、かなりの確率で、土地というのは個人の資産である可能性が非常に高い。ということは、自然人である私が死んだら、いわゆる事業そのものの承継とは別に、そういう会社の成り立ちの部分の中での承継の問題が生じます。

経営者が亡くなった後、それの相続税の取り扱いが順調にいって、そしてなおかつ、そこに、その次の世代が事業を継続していくための力を蓄える原資を蓄えて、次の世代は昨日と変わりなく事業を進めていく、このことをやり遂げることの難しさ、ハードルの高さを、本当にその事業を、特に中小企業をやっておられる方々というのは、身にしみて感じておられると思います。ハードルは多いし、高いのです。この一番高いハードルの一つが後継者がいなかったということです。

4 大門酒造の事業承継

(1) 市場を海外へ

このようは流れの中で、私どもはどのようにして「もの」を造り続け、そして環境の変化に耐えてきたかを次にお話します。酒造業における環境の変化、即ち、マーケットの縮小ということを見越して、私がとった対策をまずお話します。マーケットの縮小の一因は日本の人口がどんどん減っていくことです。特に日本酒の場合は、ここ数十年で日本国内におけるアルコール飲料の業界、トータルなアルコール飲料の業界のプレゼンス、いわゆるシェアというのが、目に見えて減ってきておりました。

これに対応するために、実は、もがいてもがいて考えておりました。釣りにたとえますと、そのとき、どこかで魚釣りをしていた。Aという大きな池で魚釣りをしている。魚がたくさんいるときは、もう、ほっといても釣れましたがだんだん魚が釣れなくなりました。幾ら魚釣りの技術を磨いても、その池に魚がいなくなったら釣れません。ということは、ここで魚を養殖するか、魚がもっと増えるまで待つか、あるいは、その時間がなければ、池を変えなければなりません。つまり違うところで魚釣りをする。そういう意味では、発想の転換をしたのです。日本酒というものが日本でだけ飲まれるとは限らないという一つの仮定による大きな発想の転換です。今でこそ当たり前ですけれども、海外のマーケットというものにいち早く進出したのです。

アルコール飲料の中には日本酒、焼酎を始め、ビール、ウイスキー、ブランデー、そしてワインやその他、まだまだあります。トータルなアルコール飲料という世界にそれぞれのカテゴリーがあるのですが、実は日本酒というカテゴリーがアルコール飲料の中に占める割合、これをシェアと言いますね、このシェアは、例えば五、六十年前には6、7割ありました。ということは、100リッターのアルコール飲料があったと仮定しますと、その中の60リッター、100本のうちの60本ぐらいが日本酒だったのです。あとの30ぐらいが、例えばビールあるいは洋酒だったかもしれません。そういう時代がありました。

ところが、もともと6、7割あった日本酒のマーケットというのが今、如何ほどになったか。驚くべきことに、これが今7%なのです。もともとシェアが60%あったというのが今、7%ですから、シェアそのものが10分の1になっています。ですから、先ほども言いましたように、マーケットが縮んでいく。そして、シェア競争に巻き込まれていく中で、新しいビジネスを発揮する場所として、いわゆるドメインを変えました。場所を変えるということで、日本酒の輸出というものを行ったわけです。

一番初めは、日米協会などの在米の団体とか、あるいはジェトロさん、日本輸出振興会、こういうところに、日本酒の良さを知ってもらうために、頼み込んで、必死に頼み込んで、セミナーやテイスティング・パーティーを催しました。１９９７年ぐらいでした。その当時は、我々が酒を持っていくと、あ、日本酒、知ってるよ、お燗で飲むんでしょう、ホット酒でしょうと言われ、吟醸酒は知られていませんでした。このような反応に対し、このお酒は吟醸酒と言いまして、非常に高級な品質のもので、お燗をせずに冷やして飲んでいただくところに味わいの多様性とか、おいしさというのがありますので、ぜひ冷やして飲んでくださいと、こういうことを言っている時期がありました。

こんな具合で不安だったのですが、本当にありがたいことに、海外にはワインをお好きな方々とか、あるいはワインに対するうんちく、勉強をするということが好きな人とか、そういう人がたくさんおられましたので、本当に数年たったら日本酒の素晴らしさ、日本酒の繊細さ、そして日本酒を造る行程の非常に高度な技術というものに目を向けていただけるようになりました。そして今に至る日本酒ブームというのが形成されていきまして、これまで以上に広がりが出てきております。

私どもは現在、アメリカ、オーストラリア、ドバイ、そしてロシア、香港ぐらいまで行っております。今さら外国の方に酒の説明をしなくても、酒、プレミアム酒、吟醸酒などを知っているという方がどんどん出てきました。そういう意味では、国内の市場の縮小という非常に厳しい状況ではありますが、良い兆しが見えてきました。状況の厳しさについては、ここ数十年間、日本酒は右肩下がり、戦後50年間、ずっと量的には右肩下がりでしたが、私どもを含めて業界の方々の努力で、それが量的にはまだ残念ながら減り続けていますけれども、質的には、そして付加価値的には、いわゆる利益率から見ますと、非常に良いお酒が売れる時代というのが、ここ数年で到来しました。さらに今、それがずっと育ちつつあります。ですから、そういう中で、私どもの固有の大門酒造として品質の向上を目指して、良いものを造り続けるノウハウと、スタッフを工場内で維持して、そしてその商品をお届けするためのお客様が心躍るブランド・ストーリー、物語を構築し、そしてお客様に届ける方法を続けることによって、何とか１８２６年創業、１８８年の私どもの会社の事業を継承していきたいと、こういうふうに思っております。

(2) 事業承継のツールとしての英語

そういう一つのお話を申し上げましたけれど、ちょっと話題を変えまして、皆さん方に申し上げたいことがあります。それは英語の話です。

私は、もう子供のころから違うことを知りたいという思いがあって、すきあらば、どっかに行きたいと思っていました。実は大学3年のときに休学届けを出しまして、そしてフランス郵船の船に乗って55日間、ケープタウン周りの船に乗って、それでフランスへ行って、そこからヒッチハイクして旅を続けました。最初は3カ月か長くとも半年ぐらい休学し帰国して復学しようと思っていたんです。ところが、やっぱり旅というのは不思議なもので、いろんな出会いと、いろんな経験と、そして考え方の変化などにより、不思議なことに滞在が延びに延びて最終、インドまで行きまして、それがトータルで5年ぐらい続いたんです。

実は、もう初めは、皆さんと一緒で英語は学校で習っただけでした。ところが、言葉というのは道具なのです。それを修得することが目的であるよりも、コミュニケーションをするための道具なのです。反対にいえば、道具というのは必要だから道具であって、道具を要らない人にいくら道具を磨けと言ったって仕方がありません。なぜ今に至っても日本の若年層も含めて英語を話すことが難しいのか、それは日本国内にいる限り、必要がないからです。

ところが旅に出てみてください。取りあえず、今日何か食べないといけない。どこか泊まらなければならない。トイレがどこにあるか聞かなければいけない、等、道具としての英語が俄然、必要となってきます。ということは、話さざるを得ないんですよ。文法というのは少々間違っていても、どうでもいいんです。恐れない、恥ずかしがらない、英語はコミュニケーションのツールだと考えると話せるんです。ですから、皆さん方が、もしも英語を身につけたいと思われたら、そういう環境に自分を置いたらいいんですよ。だから、使わざるを得ない、使わないと今日が明日にならない、生きていけないところに自分を置くのが一番です。

こうして全部日本語を遮断する、日本人と会わない、あるいは日本語を使わないという状況を設定して、その中で1年間、もし皆さん方が暮らせたら、完璧に話せるようになります。そんなことで、私の場合は、たまたまむちゃくちゃですけど身につきました。私どもの英語のホームページの英語というのは、これは当然のことながらネイティブの書いたもので、いわゆるノンネイティブの書いたものと違います。あれは、もう私の友人のライターに頼んで、私の言いたいことを書いてもらっています。そういう意味で、私が書いたものではありませんが、これから、やっぱり何をするにしても皆さんの世代では、日本国内で生きていかれるにしても、将来、自分が生きていく人生を、より豊かにするために、ぜひとも母国語以外の言葉で自分を表現するということにチャレンジしていただきたい。それができれば、本当に素晴らしいと思います。

5　まとめ　右手にたいまつ・理念を、左手に合理性・事業承継を

日本食、和食が世界文化遺産に登録されましたが、この動きに日本酒業界は迅速に対応できています。ここ10年間でインフラを築いてきたわけですから、日本酒業界はチャネル政策として、各酒造会社が外国へ、もう要望があれば、需要があれば送るということをしています。

既に我々が海外で日本酒を紹介している中でも、日本食の存在感というのは、どんどん急速に上がってきました。ちょっと前は、日本食といいましたらすき焼きや、てんぷら、お寿司などのカテゴリーでしたが、今や日本食というのはそばであり、ラーメンであり、あるいは最近ではたこ焼き、お好み焼き、こういうところまで、ジャンルが広がっています。

このような風潮を背景に、日本食業界の方々と一緒に手に手をつないで、日本食のいわゆる集大成としての非常に洗練された日本酒というのを折に触れて、いろんなイベントとか機会に、一緒にコラボレートして、そして紹介していくということを続けていけば、おのずから、日本酒の販売量、また認知度も更に飛躍的に高まっていくものと考えます。ですから、国内市場は、本当にある種、ここから巻き返すのは難しいのですが、本当に今まで手つかずであった海外というところの新しい市場が今、急速に立ち上がってきているというのが、我々業界の非常に大きな支えになっています。

ただ、そういう全体的な、トータルな環境はいいのですが、これは反対に言うと、そういうトータルでみんな考えていますから、もう事態はビッグコンペティション、ビッグレースになっています。今や競争激化、本当にまさに次の適者生存の環境が常にそこにあります。今後も適者生存の環境に対応していくにはエネルギーと情熱と、そして理念が必要です。

右手にたいまつ、光、理念を、そして左手にいわゆる合理性、事業の継続性を、この両方を忘れず掲げてやっていく、今後もこの姿勢で事業承継の問題に取り組んでいきたいと思います。

Ⅲ

観光産業における継続性

追手門学院大学経営学部准教授、博士（情報学）　井出　明

1　はじめに

私のメインの研究テーマは観光学で、その中でも「ダークツーリズム」と呼ばれる、かなり特殊な領域を専門に研究しています。ダークツーリズムとは、「災害や戦争の跡といった人類の悲しみの跡をめぐる旅」であり、後で少し具体例をお話しします。

皆さんは、災害が起こったときに、観光産業が立ち行かなくなると感じているかもしれません。災害が起きてしばらくの間は、実は、観光産業そのものが立ち行かなくなるわけではありません。ここ3年ぐらい、「東北の被災地に、観光に行く人が減っている」とニュースでよく報道されていましたが、少なくともハードが無事であれば観光客が行かなくてもホテルがつぶれることもなく、

タクシー業者がつぶれることもなく、お土産物屋がつぶれることもなく、実は回っていきました。「観光客を相手にしなくても、観光産業自体は成り立つ」というのが私の研究の成果で、つぶさに被災地を分析すれば、そうなるということが分かりました。それを前半に見ていただき、後半部分は復興過程において、災害が終わって街が普通の状態に戻っていくときに、観光産業をどう活用するかという話をします。

それでは、詳しく述べていきます。地震や洪水などの自然災害が起こると、観光産業は立ち行かなくなり、事業がそこで止まって、倒産すると思われがちですが、実はそうではありません。

今から20年前の阪神・淡路大震災のころは、こういった研究がほとんど進んでおらず、「地震や台風などの自然災害が起これば、観光産業は立ち行かなくなる」と考えられていました。しかし、丁寧に研究すると、実はつぶれたところはあまりないことが分かってきました。

この研究は東日本大震災の前には、そこそこの成果が完成していました。そのため、東日本大震災が起こった後も、この考え方に基づいて、東北の自治体は地震と津波に対処しました。その結果、被災者も生活のクオリティーが維持できましたし、観光産業自体も生き残り、仕事が継続できたということが、前半で学んでいただく内容です。

後で詳しく見ていきますが、実は日本の観光産業には、かなりいろいろなことができるという特徴があります。それをどうやって分析するのかというと、ここでは時間軸を使って説明をしていきます。

2　被災地における時間の流れ

一般に、災害が起こった後の時間の流れ方は、10の累乗で決めます。平常時の時間の流れ方と、災害が起こった後の時間の流れ方は違います。平常時はゼロから1時間、1時間から2時間、2時間から3時間というように、60分ごとに同じ1時間という時間の長さが感じられます。

しかし、災害時は時間の流れ方の感覚が違い、「10の累乗で流れる」と言われています。1は何かというと、10のゼロ乗です。次は10時間、10の一乗です。次は100時間で、10の二乗です。次は1000時間で、10の三乗です。

普段、われわれが生活をしているときの時間の流れは、時計の時間の流れが、そのままわれわれの社会的な時間となります。しかし、災害が起こると、社会的な時間の流れがかなり違ってきます。

要するに、災害が起きてから10時間は、非常に長く感じます。その後、災害が起こってから100時間までの90時間というのは、社会的実態は同じ時間の長さに感じられることが、聞き取り調査の結果で分かっています。これは、災害の世界ではポピュラーな話です。さらに、100時間を超えて1000時間までは900時間ありますが、この900時間の長さは社会的な時間としては前段階の100時間相当だと考えてください。このように、災害が起こった後の社会では、平常時とは全く違う時間の流れ方をしており、その時間の長さは10の累乗で表される時間の長さだと考えましょう。

これが、10時間から100時間、100時間から1000時間、1000時間以降の話を分けている論拠です。

3　観光産業と危機管理

そもそも「観光産業とは何か」というと、一見したところ観光産業は余暇産業で、地震や津波が来ると、何もなすすべなく倒産するのではないかと思うかもしれません。しかし、観光産業には、高度な危機管理産業としての側面があります。というのは、旅先では、トラブルが起こらないということは、まずないからです。

皆さんも経験があるかもしれませんが、旅先ではいろいろな困ったことが起こります。日常生活を送っているときは、普段の生活の流れの中で生きているので、仮に何か困ったことがあっても、われわれは微調整しながら生きていきます。例えば、朝、大阪の難波の方から梅田で乗り換えてJRで大学に行くときに、JRが人身事故で止まっていれば、「阪急に乗り換えて、阪急茨木からバスで行けばいい」というように、日常生活の中で何かトラブルが起こっても微調整が効きます。

しかし、旅行は、旅先の事情がよく分からずに行くことになります。いろいろなトラブルが起こったときにどうしようかと考えたときに、一人旅なら一人で対処するしかありませんが、ツアーであれば、ツアーを催行している旅行会社に頼んで何とかしてもらうことが、旅先での基本的な処理の仕方となります。

例えば、沖縄やグァムに遊びに行き、台風が来て帰ってこれないということは、毎年、毎年、必ず起こります。その場合、ツアー会社の方に完全にノウハウがあります。グァムであれば、台風が来ると、日本から来る飛行機が着陸できない状態になり、帰る方法がなくなります。

しかし、日本から来る客がいないということは、ホテルは予約がキャンセルされたことになるので、島の中に残っている客をそのまま延泊させれば済むのです。客は昨日と同じ部屋に泊まることができ、さらに、安い料金で泊まることができるように、旅行会社とホテルで話をつけてくれます。

われわれ客は、通常海外旅行に行くときに保険に入っているので、お金についてはその保険でまかなえるようになっています。グァムに行って台風が来たとしても、何ら心配することなく、台風が過ぎ去るのを待てばいいというのが、単純な例の一つです。

そこまで丁寧にやってくれるのは世界共通かというと、日本の旅行会社は特別なのです。悪い言い方をすれば、日本は消費者の注文がうるさいので、サービス業がかなりレベルの高いところまで発展した結果、欧米とは全然違う水準で観光産業が発達しています。

少し旅行会社について考えてみましょう。アメックス、トーマスクックと日本のJTBが世界三大旅行会社です。

「アメックス」は「アメリカン・エキスプレス」というクレジット会社で、旅行会社です。

「トーマスクック」は、ヨーロッパでもともと時刻表をつくっている会社ですが、実態は旅行会社としてヨーロッパ最大の規模を誇ります。今は、経営がかなり傾いて厳しくなっていますが、大きな旅行会社であることには変わりありません。

典型的な日本の旅行会社として、皆さんは何という会社を考えますか。ＪＴＢが最大です。くり返しますが、「アメックス」、「トーマスクック」、「ＪＴＢ」が世界三大旅行会社となります。

その中でも、日本の旅行会社はすごいのです。海外の旅行会社は、チケットを手配してホテルの予約を入れると、「はい、さようなら」というようなドライな付き合い方です。しかし、日本の旅行会社、旅行産業の場合は責任の範囲が広く、「出発から解散まで、全てに全責任を持つ」というのが日本型ツアーの特徴です。安全に出発して、安全に帰ってくるまで、旅行会社の方でカバーしなければなりません。

今まで、日本の旅行会社が経験した、大きな危機的状況がいくつかあります。昭和63年（１９８８）、日本の修学旅行が海外で大きなトラブルに巻き込まれた最初の事案が、高知学芸高校の列車事故です。

当時は、修学旅行で海外に出始めたときで、その頃、中国の鉄道は全然、整備が進んでおらず、事故を起こして脱線転覆し、上海と地方都市を結ぶ列車に乗っていた高知学芸高校の学生さんが、大勢亡くなられました。

そのときに、現地で病院の世話をしたり、早く現地に駆け付けたいと思っている保護者の交通を手配したり、日本に帰ることができる学生さんには緊急帰国の準備などを、旅行会社があっという間にやってのけました。これが日本人が集団で大きな海外危難に遭い、旅行会社で対処した代表的な事案の初期の例です。

その次に有名なものは、２００１年９月11日の、ニューヨークでの「同時多発テロ事件」です。イスラム原理主義者に乗っ取られた飛行機が、アメリカ国内のビルや建物に次々と突っ込み、アメリカ中を震撼させました。そのとき、全ての空港を完全に封鎖して離発着を禁止したため、ニューヨークだけではなく、アメリカ全土の空港から飛行機が数日間、飛べなくなりました。

日本時間の夜９時半ぐらいにテロが起きましたが、テロが起きた瞬間に、アメリカ大統領の権限で、飛んでいる飛行機をすぐ近くの空港に強制着陸させました。「飛行機が強制着陸の命令を受けて着陸しなければ、アメリカの空軍が打ち落とす」という警告が出ていたので、例えば、ニューヨークから日本に帰る途中の飛行機は、見たこともないような田舎の空港に強制着陸させられました。そのとき、日本の旅行会社のツアーで行っていた人は、ツアーコンダクターがその場ですぐに手配をしてホテルに入ることができたので、そこでご飯を食べ、温かいベッドで眠り、飛行機がまた飛び立つまで安全に待機することができました。当時、そこまでやってくれたところは、日本以外にはあまりありませんでした。

ＳＡＲＳのときのことも有名です。ＳＡＲＳは感染症の病気ですが、一時期、中国で非常にはやりました。そのときに日本の旅行会社は、「中国に出張しなければいけないビジネスマンが、どうやってＳＡＲＳに対処するか」、「中国にいる人が、どうやってＳＡＲＳに罹患しないようにするか」、「帰国する人が、安全にどうやって帰国するか」というようなノウハウを持ち合わせていたので、日本人渡航者は安全に帰ってくることができました。

ニューヨークの9・11に近い事案として、2004年にスマトラ沖地震が起こり、津波がインド洋の島々を襲いました。タイのプーケット、インドネシアのバンダ・アチェ、スリランカの一部などが、津波で壊滅しました。そのときも、日本のツアーで行った人は新しいホテルを用意してもらい、飛行機が再び飛び立つようになるまで、旅行会社の保護の下、安全に過ごすことができました。

この事案から何が分かるかというと、日本の旅行会社は非常に高度な危機管理能力を持っており、何が起きても「お客さま第一で、対処できるノウハウ」を持っているということです。

他国の旅行会社と比べた場合、日本の旅行会社は危機管理産業としての性質を持っています。JTBだけではなく、近畿ツーリストや日本旅行も、大量輸送と大量宿泊のノウハウを持っています。日本の観光産業、旅行業には、多くの人員を一気に輸送でき、きちんと泊まらせて、ご飯を食べさせるというノウハウが蓄積されています。私は一時期、いざ大地震や、実際にあった原発の事故などが起こったときに、こういうノウハウを使って人々を安全に避難させ、宿泊できるような仕組みをつくることができないかという研究をしていました。

「そういうことは自衛隊がやればいいのではないか」という意見もありますが、自衛隊は決してサービス産業を構成しているわけではありません。自衛隊の人たちは献身的に仕事をしてくださいますが、炊き出しのご飯をつくることは、彼らの本来の業務ではありません。「ご飯をつくったり、寝床の確保は、自衛隊のような軍事的なリソースを活用しなくても、民間企業でできるだろう」と

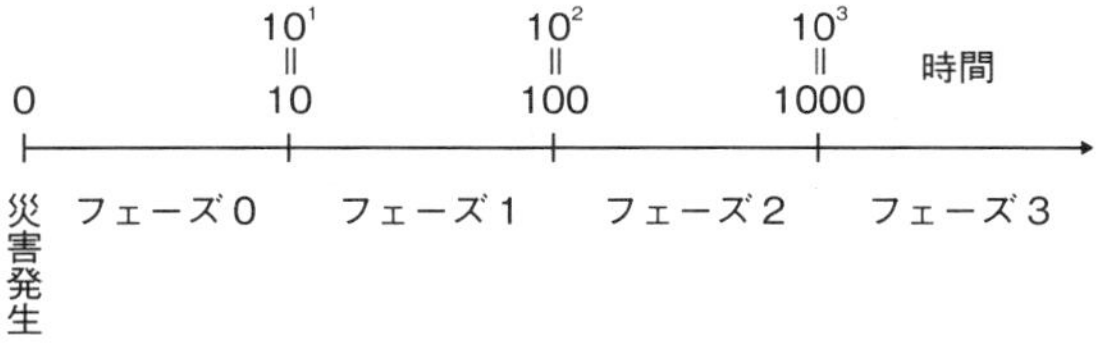

図1

いう考えが、私の発想の基にあります。民間企業のホスピタリティや、「おもてなし」の心を使った方が、ゆっくり、のんびりできるのではないかと思い、民間企業ベースで検討していました。そう考えると、災害に遭った人たちに、総合的なサービスを提供できるのがまさに旅行会社で、旅行業に新たなビジネスモデルができるのではないかと思っていました。

後で時間をかけて話をしますが、災害が起こっても、実は旅館やホテルはつぶれません。観光関連産業の中で、災害が起こると唯一危ないのがＪＴＢや近畿ツーリストなどの旅行業ですが、そこも、これから言う方法論を使えば、立ち行かなくなることはありません。この研究をやっていたのは10年ぐらい前ですが、いろいろなところで影響を与えることができ、日本では旅行業を活用した避難が行われています。図１を使って具体的に見ていきましょう。

防災の研究では、先ほどの災害発生後、０時間から10時間、10時間から１００時間を、各レベルに分けます。10時間までをフェーズ０、それ以降をフェーズ１、フェーズ２、フェーズ３という形で分けています。

災害や事故が起こった直後、旅行会社は安否確認のノウハウを持っています。津波などの自然災害や、テロが起こったときに、家族や会社は「アメリカに行っているあの人は、無事に生きているか」ということを心配します。生きているのかどうかを確かめることを、「安否を確認する」という言い方をしますが、旅行会社は、非常に高いレベルの安否確認の手法を持っています。

飛行機は電車とは違い、どの飛行機も予約なしでは乗ることができません。航空会社に予約をして、実際にその飛行機に乗り込んだかということは、全部チェックされています。身体検査をする場所では、飛行機のチケットを読み取り機で確認してから、身体検査、荷物検査を受けます。身体検査、荷物検査を受ける際チケットを読み取ると、「このお客さんは、保安検査場を通過する」という情報が、空港、航空会社、そして最終的には旅行会社に共有されます。要するに、空港で飛行機に乗り込む手続きを行ったかどうかは、旅行会社で分かります。また、旅行会社を通じてレンタカーを契約している場合は、旅行会社の方で、レンタカーを借りだしたかどうかもチェックができます。ホテルに入ったかどうかも、ホテルのチェックインを通じて旅行会社に連絡が来ます。そのため、旅行会社を通じた出張の場合は、「いつ、どこにいるか」を瞬時に推定することができます。

これは、ある旅行会社が持っている危機管理システムです。大手の企業と法人契約を結んでいる旅行会社が結構あり、そのような旅行会社はこのご時世でも、割とやっていけています。出張のためのＪＲや飛行機のチケット、レンタカー、ホテルの手配を、全部丸抱えで旅行会社と契約をしている企業の場合、自分の会社の社員が「今、どこにいるか」ということが、ワンクリックで世界地図上で確認ができます。こうしたレベルで社員の動向は把握されているので社員は、あまり無茶はできません。「いつ、どこにいるか」という情報は、所属している会社と旅行会社との間で、コンピューターの情報で共有されています。何か突発的事故があったときに、企業の方でこの画面を見てもいいですし、旅行会社に問い合わせてもいいのですが、どこにいるのかがすぐに分かります。

例えば、飛行機にチェックインしても、その飛行機が飛び立っていなければ、空港にいることが分かります。もし飛行機が飛び立った後であれば、上空にいることが分かります。また、着陸して荷物を取れば、目的地の空港からは出たというところまで分かるので、どこにいるかということが把握できます。家族の側も、出張している旦那さんが危難に遭ったときは、会社に電話すれば、すぐに調べてもらうことができます。これが初期対応です。

災害発生後10時間を超えると、何が起こるのでしょうか。0時間から10時間の「フェーズ0」の間は、生存しているかは分かりません。10時間を過ぎた「フェーズ1」の場合は、即死ということはなく、何らトラブルがない状態で生きている人もいれば、けがをしている人もいます。生存者がいたら、次にやることは、ご飯と寝る場所の確保ですが、寝る場所の確保は結構、難しいのです。

4　災害の比較

阪神・淡路大震災、中越地震、東日本大震災には、大きな違いがあります。阪神・淡路大震災は月曜日の朝5時46分に起きましたが、その瞬間、大部分の人は家で寝ていました。普段そのへんをぶらぶら遊び歩いているような人でも、さすがに日曜日の夜は盛り場も静かで飲み屋も開いていないので、家で寝ていたという人が多いのです。ですから、阪神・淡路大震災で亡くなった6000人以上の方の8割が、実は圧死で亡くなっています。圧倒的に多いのは、1階に寝ていて地震で家の柱が折れて、2階部分がそのまま落下して押しつぶされて亡くなったパターンです。

ところが、中越地震の亡くなり方は、かなり違います。亡くなられた方は68名いますが、震災での直接死は10数名でその後五月雨式に亡くなられた方が発生していきました。地震が起きて数日後に何人、また数日後に何人、さらにまたその数日後に何人という形で、ポツポツと亡くなられていきました。

これは一体、何が起きていたのでしょう。実は、中越地震のときは、地震そのもので亡くなった方は割と少ないのです。お年寄りがどのような状況で亡くなったかについて説明しましょう。実は当時、避難所に入りたがらないお年寄りが多かったのです。東日本大震災の避難所の様子を見ても分かるように、プライバシーも何もなく、着替えをするのにも周りに気を遣わなければなりません。ではどうしたかというと、田舎の人は一家に1台どころか、1人1台ぐらいで車を持っていますし、大きなワンボックスカーを持っている方も多かったので、車の中で寝起きをしていた人がかなりいました。車の中で寝起きしていた人が、運転席にもたれかかるように寝ていた場合……。

飛行機を使っている人は、「エコノミー症候群」という言葉を聞いたことがあるかと思います。飛行機の安いエコノミークラスでじっとしていると、血栓という血の塊が体の中にでき、それが脳に刺さって亡くなる人が、飛行機の利用者の中に結構います。ですから、飛行機に乗ってると、機内の映像で「体操をしてください」という注意が流れます。

同じ症状が、中越地震のときに起こりました。その人たちは、体を横たえてちゃんと寝ることができる場所があれば、死ななくてすんだ人たちでした。ところが、そういう人たちが車の中でたくさん亡くなったので、「これは、何とかしなければいけない」ということで、早い段階で快適な寝床を確保することが、中越地震のときの教訓となりました。そのため、東日本大震災のときは、すぐにホテルや旅館と連携を取り、被災者がホテルや旅館に泊まることができるように、かなり広範囲で手配が取られました。そのホテルの話は、フェーズ2で出てきます。

ここには書いていませんが、阪神・淡路大震災と東日本大震災では、被災社会の姿がかなり異なっています。今申し上げたように、阪神・淡路大震災で亡くなった方の8割が圧死ですが、東日本大震災では亡くなった方のほとんどが津波です。

それから、社会として何が違うかというと、けが人の数が全く違います。阪神・淡路大震災は都市直下型の地震で、上から天井が落ちてきたり、横からたんすが倒れてきて、それにつぶされて亡くなった方が多いのですが、生き残った方も、天井が落ちてきたり、たんすが倒れてくる中で、何とか体をよじって助かったという例が多かったのです。そのため、けが人が多かったのが、阪神・淡路大震災の特徴です。

阪神・淡路大震災を受けて、政府は災害派遣医療チームを組織し、地震や巨大災害が発生したときには、医療の専門家を現地に送る仕組みをつくりました。しかし、東日本大震災のときには、予想とは異なった仕事をすることになりました。

東日本大震災は、津波災害です。皆さんも、動画映像、ニュース映像で何度も見たかと思いますが、「津波が来た」と、みんな山の方に逃げました。山の津波が届かないところまで逃げた人は、ほぼ無傷の状態で助かりましたが、津波にのみ込まれた人は、ほぼ１００％の確率で亡くなりました。要するに、東日本大震災では、「無傷の人」か「亡くなった人」かはっきりと分かれ、けが人はあまりいませんでした。阪神・淡路大震災、中越地震、東日本大震災を比べた場合、災害といっても、共通項もあれば、異なっているところもあるので、対応するときに「自分は何々地震のときの経験があるから、それでやればいいんだ」と思わずに、被災社会の実相を見て対応をするように心掛けてください。

フェーズ１の続きです。阪神・淡路大震災のときは、行政、自治体の方で、「ホテルに寝床を用意する」ということを全然考えていませんでした。実際、阪神・淡路大震災が起こったときに、大阪のホテルはどうなっていたのでしょうか。神戸と大阪の距離は、20キロぐらいです。当時、神戸市内は完全に壊滅状態でしたが、大阪市内は比較的平穏でした。

大阪のホテルは、災害が起きた直後から満員になりました。一体誰が泊まっていたかというと、実は保険会社の人たちが多く泊まっていました。ご両親に聞いていただくと、皆さんのご自宅も、火災保険に入っている家がかなり多いと思います。火災保険に地震保険がセットされているパターンに入っている人が多いのですが、自然災害が起こると保険会社は保険金を払わなくてはいけないので、「家がどれぐらい壊れているのか」という調査にすぐ入ります。そして、「査定」といって、「被害額が幾らか」というのを、保険会社で見極めます。その保険会社の調査員はかなりの数がいて、自然災害が起こると保険会社の人たちが現地に入るために長期でホテルは満員になります。

また、マスコミの人たちも、たくさん泊まります。阪神・淡路大震災のときには、東京からもクルーが来ましたし、東日本大震災のときには、東京から福島、岩手、宮城に行きました。その辺りで残ったホテルは全部満室になりました。

多くの被災者は、阪神・淡路大震災のときには、ホテルや旅館に泊まっていませんでした。しかし、需要がなかったわけではなく、当時はまだインターネットが発達していなかったので、被災者の多くはどこに泊まっていいか分からず、呆然とし、体育館に避難したというのが真相だったと思います。なぜなら、各シティホテルを始めとして、大阪市内の超高級ホテルには、そこそこの被災者が泊まっているのです。被災社会の中にも格差があり、体育館に避難しなければならない人と、高級ホテルに電話1本で泊まることができる人というように、既に20年前から、かなり被災者の中でも恵まれた立場にある人と、そうでない人がはっきり分かれたことが見て取れます。

災害のときに、政府なり行政機関が、ホテルを借り上げて被災者を泊まらせる例は、アメリカでは普通にあります。アメリカで「ハリケーン・カトリーナ」という竜巻災害が起こったときは、政府がホテルを借り上げて被災者を泊まらせていました。東日本大震災のときにすぐにホテルの活用ができたのは、私の研究を読んだというよりも、アメリカの仕組みを日本に導入したからなのです。アメリカでは、このような仕組みがかなり前から存在していました。

では、100時間を超えると、どうなるでしょうか。仕方なく避難所に行った人たちがどうなるかというと、避難所に次から次へと人が押し寄せ、100時間を過ぎたあたりから避難所のオーバーフローが始まります。東日本大震災でも、取りあえず近所の小学校の体育館に避難しましたが、そういう人たちが増えてパンク状態になり、現地の避難所では被災者をカバーしきれなくなりました。そのときに、無傷の場所に大量に移動をさせなければならず、岩手県では花巻や遠野など、海から離れた無傷の市に被災者を移送しました。福島では、埼玉辺りに移送された人が多くなっています。

「移送」という大量輸送のノウハウは旅行業が独占的に持っていて、かつ、「1000人を受け入れてくれる施設は、どこか」、「500人を受け入れてくれる施設は、どこか」ということを日常的に管理できているのは、実は旅行業だけなのです。旅行会社は、「どの施設が、どのぐらい空いていて、どうやって輸送するか」という知恵を持っています。

また、いろいろな風評被害のために、お客さんがいなくなる地域があります。具体的には、3・11の東日本大震災のときに、福島の原発が事故を起こしました。福島県の北側に「会津」という地域がありますが、福島第一原発から会津までは150キロぐらい離れています。福島県内にある会津よりも、福島第一原発から、茨城、栃木の方が、よっぽど近くにあります。福島県でも会津地方は、ほとんど放射能の影響を受けない所ですが、「同じ福島だ」というだけで、その時期、会津地域への宿泊の予約がかなりキャンセルされました。ホテルや旅館に大量の空きが出たので、3・11のときには、そういうところに積極的に被災者を移送して休んでもらいました。

これは、地震が起こった直後の対応の話で、前半部分のまとめとなります。被災者対応のスキーム（枠組み）は、阪神・淡路大震災以降急速に発達しました。特に大企業は、災害が起こったときに社員や社員の家族を安全な場所に疎開させる方法論を確立させたところが多くあります。また、自治体でも、被災者対応の手法はブラッシュアップされ続けて今に至ります。

観光産業に関して言えば、緊急事態が起こったときにどうするかというのは、各添乗員さんの独自の知恵、ノウハウが蓄積されています。しかし、それが共有されていないことが現在の問題点なので、国土交通省あたりで一元管理する必要があります。

さて、災害が落ち着いたら、観光地の復興を考えなければいけません。

次はその話に移ります。

5　復興と観光

三陸鉄道は震災前からお客さんが少なく、「廃線にした方がいいのではないか」とも言われていました。あの規模の田舎で、鉄道を残すことに意味があるのかというと、結構、難しい話になります。鉄道で一番もうかるのは通勤・通学定期で、通勤・通学定期だけで黒字にしなければやっていけません。通勤・通学定期だけで黒字にして、観光の収益はプラスアルファという財務状況にしておかなければ、鉄道事業はもちません。

観光を柱にすると、地震があったときや、不景気でお客さんが減ると、鉄道会社は成り立たなくなります。それを考えたときに、「三陸鉄道は、これから先やっていくことができるか」というと、あの辺りは人口自体が減り、また、津波の沿岸地域は高台移転し、もともと住んでいた人たちもかなり引っ越しています。

三陸鉄道は、この後も修復が進んで全線開通しましたが、収益が上げるレベルまでお客さんが乗るかというと、それは難しいところがあります。ＪＲ東日本は、早々にバスで代替輸送を始め、ＪＲ山田線については再建に不透明さが残ります。

純粋に政策論としては、廃線も十分妥当な選択肢かと思います。実はバスの方が本数を多く走らせることができます。鉄道は、バスよりも運行コストがかなり高くかかるので、鉄道よりもバスを使った方が、「地元の人たちの足」という観点からは便利です。しかし、バスだと風情がないので、観光という観点から考えると、バスは弱くなります。このあたりは、難しい問題が隠れています。

次に、後半の「１０００時間たった後、どのように復興させるのか」という話につなげます。災害と観光による復興を考えた場合、マトリックスを組むことができます。観光産業というと娯楽のイメージがありますが、結構、観光産業の規模は大きいのです。直接効果が23兆円ぐらい、波及効果を入れると55兆円ぐらいで、「ＧＤＰの７～８％は、観光産業である」と言われており、巨

<table>
<tr><th></th><th>従来より観光地</th><th>新規の観光開発</th></tr>
<tr><td rowspan="2">成功</td><td>A1</td><td rowspan="2">B</td></tr>
<tr><td>A2</td></tr>
<tr><td>失敗</td><td>C</td><td>D</td></tr>
</table>

図2

大な基幹産業なのです。ですから、「観光は遊びだ」といっても、実際には、経済の柱の一つになっていることを認識しておいてください。

災害が発生した場合、観光面での復興は遅れやすくなります。ホテルは崩れさえしなければ、保険会社の人やマスコミ、警察官が泊まるので、ホテルがつぶれることはありません。しかし、平常時に戻って営業を再開できる状況になるのは、結構、時間がかかります。平時から、観光と復興の関係について考えておく必要があり、観光復興を類型化して研究する必要があります。

まず、分析の視点として、図2のようなマトリックスをつくるとよいかと思います。まず、災害が発生する前から観光地だった所と、災害が発生した後で新たに観光地になった所を分けます。さらに、うまくいったところと失敗したところを分けて、それぞれ原因と理由を探ることが、この考察の特徴です。

従来より観光地で、うまくいったところは、さらに2パターンに分かれることが分かってきました。以前より観光地で、災害復興後も観光で復興がうまくいったという地域は「以前と同じ観光をやっている」というところと、「以前と違う観光をやっている」というところに、分解することができます。

タイには、アジアでも非常に大きな、プーケットというレジャーアイランドがあります。プーケットは、アジア三大リゾートの一つです。これは余談ですが、アジア三大リゾートとは、タイのプーケット、フィリピンのセブ、インドネシアのバリです。この三つが、なぜリゾートとして発達したかというと、ベトナム戦争があったときに、アメリカの兵隊が休息する所が必要で、急いで東南アジアのリゾートを開発をした中の一つが、タイのプーケットなのです。

タイのプーケットに関しては、2004年に津波があったもののかなり早い段階で復興が成し遂げられています。日本もそうですが、世界各国が「プーケットに、旅行に行こう」というキャンペーンを張り、プーケットに観光客を送り込んでいます。それが自粛ムードをぬぐった理由です。タイのプーケットは純粋に観光で食べている街なので、観光客が来なければ、本当にどうしようもないのです。プーケットの場合、保険や取材メディアという話ではなく、観光客自体を受け入れないと成り立たない状況であって、アメリカ、ヨーロッパ、周辺各国から、好んでタイに行く人をたくさん集めて、すぐに前と同じにぎわいを取り戻させたのが、プーケットの復興なのです。

しかし、これも善し悪しなのです。私も何回かプーケットに調査で行きましたが、今、プーケットの繁華街には、津波につながるものがほとんどありません。なぜかというと、「津波が来るかもしれない」という前提で準備すると、「また津波が来ると嫌だな」ということで観光客が来なくなってしまいます。そこで津波があったこと自体を忘れ去るような状況を、意図的につくっています。

プーケットは純粋に観光のまちなので、とにかく楽しい思い出だけを残し、観光客につらいことがあったことを悟らせないために、わざとそうしている事情があります。

次は有馬温泉ですが、本校から近い場所にあります。実は、私は本校に採用が決まって東京からこちらに引っ越してきたときに、有馬温泉に家を買おうかと思ったことがありました。インターチェンジ同士であれば、茨木インターと有馬口のインターが近かったので、有馬から通おうと思ったこともありました。

阪神・淡路大震災の後、有馬温泉の性格が、かなり変わっています。阪神・淡路大震災の後、有馬温泉は極端な風評被害に悩まされました。神戸市が広いことに、皆さんはお気づきでしょうか。特に北区の面積は広く、阪神・淡路大震災のときも、北区はほぼ無傷でした。有馬温泉でも建物がゆがんだ旅館などは少なく、すぐに営業を再開しましたが、全国の人たちには「神戸の旅館だから」、「行ったら悪いのではないか」、「まだまだ壊れているのではないか」という気持ちがあり、お客さんが全然入らなかった時期がありました。そのときに、地元の若旦那衆が一計を案じました。

阪神・淡路大震災前の有馬温泉は、今とはかなり異なったコンテクストを持っていました。Vシネマの『ミナミの帝王』を見ると、中小企業の社長が新地に飲みに行き、ホステスの手を握って「有馬温泉に行こう」と誘い出すシーンがあります。このように、有馬温泉は、以前は愛人と旅行するようなところで、あまりいいイメージがなかったという側面もあります。

しかし、阪神・淡路大震災の後、今言ったような、中小企業の社長がお忍びで遊びに来るようなこともなくなり、お客さんが全然来なくなりました。そこで、有馬温泉の人たちは、「では、どうするか」と考えました。

もう少し、具体的に説明しましょう。阪神・淡路大震災前の有馬温泉では、昼間にすることがありませんでした。金曜や土曜の夜に、梅田辺りからタクシーで有馬温泉に乗り付けて一晩泊まり、翌朝10時にチェックアウトしてまた大阪に戻るので、有馬温泉ではチェックアウトをしてからすることがなかったのです。昔は、有馬温泉のまちとしてのにぎわいや活気は乏しいものでした。

ところが、最近、有馬温泉に行くと、まち歩きができ、お土産物屋もにぎわい、カフェも整備され、昼間を楽しく過ごすことができるようになっています。それは、阪神・淡路大震災の後、若旦那衆が「今まで、有馬温泉に関心を持っていなかった人、来てくれなかった人を呼び込もう」と考え、ファミリーで滞在しやすいよう、昼間を楽しく過ごせるように街並みを整備し、昼間に遊べるような施設をたくさんつくったので、今の有馬温泉の隆盛があるのです。

震災前は、一つの旅館ごとに観光客が行き、一晩寝たら帰ってくるという「点」の観光にしか過ぎませんでしたが、これを「面」の観光に変えました。現在は旅館に泊まり、チェックアウト後は土産物屋を冷やかし、お昼にそばを食べ、午後はちょっとした博物館のようなものを見て、カフェでお茶を飲んで、夕方に帰るというように、滞在時間を長くして生まれ変わったのが今の有馬温泉です。

これは、日本全体の温泉の特徴ですが、年を取った経営者は、何もしなくても勝手に客がたくさん来た高度成長期の時代を懐かしみ、「何もそこまでやる必要はないのではないか」という傾向がある一方で、やる気のある若旦那衆は「客層を変えなければいけない」と言います。このように、地域の中で意見の不一致があり、決して一枚岩ではないということも押さえておきましょう。これがAパターンです。

その次はBパターンです。災害発生前は観光地ではありませんが、災害発生後に観光地になったところがいくつかあります。東京の南の太平洋上に三宅島という島がありますが、噴火した後に島の形が変わり、非常に珍しい地形ができ、それを目当てに訪れる人が出始めました。

その他に有名なものは、広島、サイパン、水俣などがあります。広島の最大の観光資源は、原爆ドームです。また、年間100万人以上の人が水俣を訪れ、水俣病の記念館を見て、患者さんの話を聞いています。40年前、水俣は水銀に汚染されたまちでしたが、今は世界的な環境先進都市、エコシティーになり、たくさんの人が見学に行きます。毎年、かなりの数の研修も行っています。広島にしても、水俣にしても、悲しい事件が起こらなければ、ここを訪れる人は今ほど多くはなかったことでしょう。悲しい事件があるからこそ、その地域が観光で復興したのです。このBパターンは、冒頭で述べたまさに〝ダークツーリズム〟の典型例だと考えられます。

次はCパターンですが、観光地が災害に遭い、その後、復興に失敗したところは、結構多くあります。

雲仙は巨大な温泉地ですが、温泉ホテル1個、1個が独立して建っています。温泉地の開発には、

「城崎温泉型」と「和倉温泉型」という二つのパターンがあります。「城崎温泉型」は、まち全体をげたでカランコロンと歩き、まちの風情を楽しむもので、このパターンではまち全体が発展します。しかし、「和倉温泉型」では、巨大なホテルに泊まり、その中でずっと過ごして帰ってしまうので、まちの発展にはほど遠いのです。

雲仙に行くと分かりますが、一軒、一軒のホテルが離れています。まちを愛している人が来ると、その観光客はリピーターとなり、何度も来てくれます。しかし、旅館ベースでやっていると、なかなかリピーターにはならず、「一度味わえば、それでいい」という話になるので、雲仙は客の戻りが遅かったのです。

こういった観光地を復興させるには、旅館という建物を復旧させるのではなく、コミュニティー、人間関係のネットワークを復興させて、早い段階で「人間が、人間をもてなす」という原点に戻すことが重要になります。それができなければ、観光による復興は失敗に終わります。

最後はDパターンですが、観光産業がなかった地域に、観光資源を持ち込んで復興させようとした所があります。山梨県にオウム真理教のアジトがあった、旧上九一色村があります。オウム真理教が逮捕、強制解散した後、「この村を、観光でよくしよう」という話がありましたが、お客さんが全然来ずに、村の経済は悪化し、今はゴーストタウン化しています。

先ほど言いましたように、復興という観点からは「和倉温泉型」ではなく、「城崎温泉型」、言い換えれば滞在型の観光に転化させる必要があります。被災体験を忘れずに、その地域の資源として、従来の観光資源とリンクさせることが必要です。これも、ダークツーリズムの考え方です。

D類型をつくらないことが重要かと思います。確かに「観光」という言葉は、ある意味非常にイメージが悪い言葉です。しかし、「観光客が来る」ということと、例えば、「自然が破壊される」、「まちがうるさくなって困る」、「駐車違反が増えて困る」ということは、イコールの関係ではなくなりつつあります。

現在、世界的な意味で、「ツーリズム」は「エコツーリズム型」になっています。美しい自然環境を味わうためにその場を旅する以上、「その自然環境を、いかに維持するか」という持続可能性を考えながら、旅人は旅を続けています。

昭和30年代の日本のように、そして今の中国のように、たくさんの人たちが大型バスに乗って行き、騒ぎまくることが観光であるという時代では、世界的にはなくなりつつあります。「旅に出ることにより、その地域の大切な自然環境や文化環境を含めたものを大切にして、次世代に伝えていこう」という、観光ツーリズムに変化してきています。

「持続可能性」という言葉は、皆さんが今勉強をしている「事業承継」と親和性のある言葉です。「いつまでも続くこと」が事業では一番大事なことで、それは観光面におけるサステナビリティ、持続可能性と直結することを強調しておきたいと思います。

参考文献

林春男（２００３）『いのちを守る地震防災学』（岩波書店）

Ⅳ

中小企業と中小企業政策

追手門学院大学経営学部講師、博士（経済学）　稲葉　哲

1　はじめに

皆さんは、中小企業について、どのようなイメージがあるでしょうか。そもそも、中小企業の定義とは何でしょうか。

「従業員数100人以下の企業？」

確かに、卸売業とサービス業の中小企業についての定義は従業員数100人以下です。しかし、産業によって定義はいろいろで、製造業では、従業員数300人以下が中小企業になります。ですから、従業員数、二百数十人の企業も中小企業になります。そうなると、中小企業の数は想像以上に多くなりそうです。こういった大きな企業も分類上は中小企業となりますが、家族2～3人でや

っているような零細企業も中小企業になりますから、中小企業の範囲はきわめて広いことになります。また、小売業では、従業員数50人以下が中小企業となります。（従業員数の基準だけでなく資本金の基準も重要なのですが、従業員数のほうが企業規模をイメージしやすいと思いますので、ここでは資本金の話はしないことにします。）

では、日本の企業のうちどのくらいが中小企業で、どのくらいの人が中小企業で働いているでしょうか。なんと、日本の企業の99・7％が中小企業で、69・7％の人がこの中小企業で働いていると言われています（総務省・経済産業省「平成24年経済センサス―活動調査」）。

ところで、日本の大企業を5社挙げて、その企業について説明しなさいと言われたら説明できるでしょうか。大企業と言えば、トヨタ、ホンダ、ソニー、パナソニック、日立とかでしょうか。これらの企業については、恐らく、大体何をしているか説明できますね。

では、日本の中小企業を5社挙げて、その企業について説明しなさいと言われたらどうでしょうか。恐らく、説明できる人は少ないのではないかと思います。日本の企業の99％以上が中小企業で、7割近くの人が中小企業で働いているのになぜでしょうか。

事業承継の問題も、そうした中小企業に特有の問題なのです。たくさんある中小企業の経営者に共通の問題として後継者問題が出てきたので、大きな社会問題となっています。ですから、中小企業についてもっと知っておかなければなりません。

そこで、本章はそんな中小企業や事業承継についての話が頻繁に出てくる中小企業白書や日本経済新聞（以下、日経新聞）の記事などを紹介しながら進めていきたいと思います。事業承継の具体的な内容というよりは、事業承継に間接的に関連する廃業や開業、中小企業支援、中小企業の取り組みなどについて紹介します。

2　中小企業を取り巻く環境

(1) 不況による倒産よりも後継者難による廃業

２０１４年2月22日の日経新聞朝刊に「休廃業、解散、最多３万社―後継者難、高齢化進む」と書かれた記事があります。そこには、「右下がりの不況による倒産」を示すグラフと「右上がりの後継者難、高齢化による休廃業」のグラフがあり、「日本の開業率が米英の半分以下」であることを示すグラフも載っています。また本文中に、日本の開業率の低さの理由として、「日本は起業に失敗した人を批判的に見る傾向がある」というエコノミストの言葉が載っています。さらに、不況による倒産が減ってきている一方で、後継者難による休業、廃業、解散が増えてきて、ついにそれが過去最多の３万社になってしまったとも書かれています。

そうです。開業率が高まる傾向が見られず、後継者難と高齢化による廃業が目立って増えてきているいることが今、非常に大きな問題となっています。つい最近まで「景気が悪い、景気が悪い」と言われていましたが、最近になってアベノミクスで景気が良くなったとも言われています。これまでは景気が悪かったため、売上が減って倒産が増え、企業の数がどんどん減って、失業者が大量に発生してしまうのではないか、給料がどんどん減っていくのではないかと心配する声がよく聞かれました。しかし、景気の問題や不況による倒産の問題がひと段落すると、今度は、「後継者難による廃業」の問題が社会問題として急浮上してきたのです。

(2) 金融円滑化法から廃業促進へ

２０１４年3月19日の日経新聞朝刊には、「中小の転廃業促す　地銀などに対応要請　金融庁、返済猶予から転換」という記事が出ています。

「中小企業金融円滑化法」とか「金融円滑化法」という言葉を聞いたことはありませんか。２００８年の9月にアメリカのリーマンブラザーズという金融機関が破たんし、それが引き金となって世界的な不況になったのですが、日本ではその不況に対する緊急対策として、２００９年の12月に、金融機関に中小企業の借金返済を猶予させる法律が作られました。倒産件数はその結果、減少したと言われています。２００８年当時のような大不況も収まったため、この金融円滑化法も２０１３年の3月に終了しました。この法律は延命法とも言われ、本来倒産すべき企業を延命させるもので、金融円滑化法がなくなると、この法律によって延命してきた企業の倒産が増えるのではないかと言われていました。実際には倒産増加の兆しは現れたものの、社会問題となるほどには増えませんでしたので、最近になって金融庁は再び「退出させるべき企業」と「残すべき企業」の選別を始めるよう金融機関に要求し始めました。

ところで、金融機関がこれまで支えてきた取引先に廃業を勧めるというのはどうでしょうか。企業がつぶれてしまえば従業員たちは職を失います。それだけではありません。その企業に仕事を依頼していた企業やその企業から仕事を依頼されていた企業はその企業に代わる取引先を探さなくてはなりません。

地方の産業集積地であれば、その影響はさらに大きくなります。以前であれば取引先企業がつぶれても代わりの企業が見つけられたかもしれません。しかし、地方の製造業企業数は減り続けており、代わりに生産してくれる企業を見つけることが難しくなってきています。また、その企業が独自の技術で生産している場合には、代わりはどこにもないため大変なことになります。地方の集積地では取引先企業数が減れば減るほど、こうした問題が大きくなり、その集積地で生産することが困難になったり、その地域にとどまるメリットがなくなってしまいます。人口も減少しています。

地方の企業数はますます減少して、地方の金融機関にも取引先の減少を通じて大きな影響が出てきます。ですから、利害関係者である従業員、取引先、行政機関、そして金融機関も経営者に業績を回復してもらって経営を続けてほしいのです。しかし、今後の成長が見込めない企業にお金を貸し続けて、返せずに倒産されると銀行は大きな損失を被ることになります。

金融機関は現在業績の悪いすべての企業に廃業を促すというわけではありません。今後続けても成長が見込めない企業を選別して、廃業する企業から存続する企業へ経営資源を移し、成長の見込める企業に経営資源を集中させて地域の産業基盤を強化したいのです。

また、中小企業の経営者は多くの場合、会社のお金を借りるために経営者保証をつけています。会社が借金を背負ったまま倒産してしまうと、経営者は私財を回収されてしまう上に、一生その債務を返済する義務を負ってしまいます。そのため、債務超過に陥ったり、支払いが滞りだす前に、債務を整理し、経営者が廃業しやすい環境を作ってあげるのです。2014年2月には「経営者保証に関するガイドライン」の適用を開始し、早期に事業再生や廃業を決断した場合には、多額の個人保証を行っていても一定の資産が残るようになりました。早期に事業再生や廃業に着手したほうが得な仕組みを作ったのです。（詳しくは『中小企業白書　2014年版』の289～299頁をご覧ください。）

(3) 事業承継と廃業

景気回復の兆しを示すデータも確認されてきているというのに、政府はなぜそこまで廃業の決断や事業承継への取り組みを急がせるのでしょうか。『中小企業白書　2013年版』の第2部第3章を見てみましょう。125頁に、「小規模事業者の方が、中規模事業者より経営者の引退年齢が高い」と書かれた部分があります。小規模事業者は中規模事業者よりも個人で事業を営んでいる人が多いので、ぎりぎりまで社長を続けることが多いのだと思います。しかし、経常利益を見ると、経営者の年齢が高いほど、経常利益は下がっています。高齢でも活躍している経営者がいるのに、「高齢者だからうまく経営できない」というのはおかしいようにも感じられますが、環境の変化により、これまでのやり方が通用しなくなったり、年を取ってこれまでのように先頭に立って動くことができなくなって、収益性の悪化につながっているのかもしれません。そのため、経営者の高齢化が進むということは良いことではなさそうです。

次に、後継者にとっての事業承継のタイミングの問題です。同じく白書の１２７頁に書かれていることですが、一番良いタイミングとしては、「40～49歳ぐらい」だそうです。最近の事業承継の平均的な年齢が50歳代のようなので、引き継ぐ側にすれば「もう少し早く事業承継したかった」ということになります。前経営者としては「長くやりたい」という気持ちはあると思いますが、もう少し早い時期に事業承継したほうが事業承継される側にとってはよく、業績の悪化も防げる可能性が高まりそうです。また、『中小企業白書　２０１４年版』の２５２頁には、後継者の育成に要する期間として、８割以上の人が3年以上かかると答えています。そのため、後継者の育成期間のことも考えると、事業承継については自分が考えているよりも早く着手したほうが良さそうです。しかし、忙しい経営者が後継者問題を考えたり、後継者を育成する時間をとるというのは簡単なことではありません。

『中小企業白書　２０１４年版』の第3部第3章には、事業承継の意思や、廃業を決めた人に対する調査結果が出ています。ここではまず、経営者の高齢化が進んでいて、70歳以上の経営者の割合が過去と比較して最も高くなっていることが確認されています。また、「事業を何らかの形で他者に引き継ぎたい」と考えている人の割合は、中規模企業が63・5％、小規模企業が42・7％と高いのですが、小規模企業では中規模企業に比べると低く出ており、「自分の代で廃業することもやむを得ない」と回答した人の割合は、中規模企業が5・4％に対し、小規模企業は21・7％で、小規模企業で相対的に高く出ています。「自分の代で廃業することもやむを得ない」と答えた人の中で、「事業承継を検討した」と回答した人に事業承継が円滑に進まなかった理由を聞いたところ、「将来の業績低迷が予測され、事業承継に消極的」が多く、「後継者を探したが適当な人が見つからなかった」を上回りました。実際には、後継者難というより、成長の見込みがないから、事業承継に消極的なのかもしれません。ただ、この調査の最も驚くべきことは、「自分の代で廃業することもやむを得ない」と答えた人の中で、「事業承継を検討しなかった」人の割合が6割以上もいたということです。実質は「自分や家族のための会社」なのかもしれませんが、『中小企業白書　2013年版』の131頁にあるように、事業承継によって「地域や社会に良い影響があった」と考えている経営者が多いことも中小企業経営者にきちんと伝えていかないといけないのではないかと思われます。

(4) 最近の経済環境

これまでデフレで景気も悪く、円高も長引いてしまいました。新興国の成長が見込める一方で、日本では今後人口が減少し、需要も伸び悩むとみて、それまで国内で生産し、輸出していた大企業が生産拠点を次々に海外に移し現地生産を強化していきました。

それが、最近になってアベノミクスで国内に景気回復の兆しが見え始め、為替レートも急速に円安方向に動いてきました。株式投資や不動産投資がようやく回復し始め、そうした資産を持っていた人の財布の紐が緩み始めます。景気が良くなってくると、設備投資をこれまでしてこなかった企業も新しい設備を買い、人の採用を抑えていた企業も人を採用して「もっと作らなければいけない」と思い、設備投資や人材採用を活発化させ始めます。また、景気が回復して倒産の危険性が減ってきたため、金融機関にとって、返ってこないと思っていたお金も返ってくる見込みがついてきました。

輸出企業は円安でもうかるわけですから、もっと国内での生産を増やして、高すぎて買えないと言われる海外での日本製品の価格を引き下げて売ることも可能になってきます。生産拠点の海外移転と部品の現地調達をしていた大企業は、海外生産を減らして国内生産に切り替え、日本の中小企業から部品を調達して、輸出を増やすと考えられていました。

しかし円安が進んでも国内生産を増やす動きは緩慢です。大企業だけでなく、下請企業なども同伴して海外進出し、さらに現地企業の技術力が向上してきたため、現地に強力な分業構造が形成されてしまい、今後、大幅な円安が進まない限り、生産の国内シフトは進まないと言われています。1ドル125円くらいになるまで、国内生産、国内調達にシフトする考えはないという企業も出てきています。そのため、円安になっても国内生産が増加せず、国内の下請企業の生産もあまり増えないだろうと言われています。

一方で、円安が進み、原材料の輸入コストが上がったため、原材料を輸入に頼る中小企業が円安倒産する可能性があるとの声も聞こえてきます。規模の小さな中小企業は原材料価格の上昇分を製品価格に転嫁しづらいのです。また、これまで採用を抑えていた大企業が新卒採用を増やしているため、若者の大企業志向も高まり、中小企業は若手の採用でも不利になってきています。さらに、経営者だけでなく従業員の高齢化の問題もあり、若手を採用して育成しておかないと、団塊世代の引退で技能承継に問題が出てくると言われています。現時点では、中小企業にとっては、景気回復による人材難と円安による原材料コストの上昇というデメリットが目立っている状況にあるのです。

また、法人税改革の議論で、中小企業に対する優遇税制を廃止すべきだという意見が出てきています。赤字企業でも資本金の額などに応じて課税対象にしようという外形標準課税の適用拡大の議論（現在、資本金1億円を超える大企業のみに適用されているものをそれ以下の中小企業にも拡大しようとしています）や、リーマンショック後に行われてきた中小企業に対する法人税の優遇措置の見直しも議論されており、中小企業を取り巻く環境はそれほど良くなっていないように思われます。

3　中小企業支援

（1）金融

さらに金融機関が企業の選別を進め、多くの企業にお金を貸さなくなったりして廃業を迫ってくるとなると中小企業は大変です。

しかし、全体として貸出を減らすということはないと思います。金融機関はできれば融資を増やしたいのです。日銀は現在、量的金融緩和を進めています。日銀は金融機関から国債などを買い取り、世の中に大量の資金を供給しています。金融機関はそのお金を使って、成長が見込める事業を見つけ出して貸し付けたいのです。そのため企業も比較的長期で、しかも低い金利でお金を借りることができるようになっています。

「子どもたちや従業員が継いでくれないので私の代で辞めよう」と諦める経営者が増えると金融機関も困ります。終わりが見えている企業の経営者は設備投資や人材育成のための投資、新規の人材採用をしませんし、異業種連携など経営革新につながる取り組みも控えます。そうした企業に資金需要は生まれないのです。また、次世代の人材にとっても、こうした経営者の姿勢からは「学習の機会」が得られませんから、働く場としての企業、そしてその地域の魅力も失われていきます。せっかく作りあげてきたものなので、「本当は廃業したくない」という人も多くいます。そういう人たちのために、たとえ身近に引き継いでくれる人がいなくても、第三者に譲ったり、売却する方法もあり、そのマッチングを支援する機関がいろいろ出てきて、相談することができるようになってきています。そのため、早めに後継者対策や企業再生に取り組む必要があり、地域金融機関もここに力を入れてきています。

（2）事業引継ぎ支援センター

後継者の不在問題に取り組む専門の機関もあります。全国に14か所ある事業引継ぎ支援センターです。事業引継ぎに関する専門家がいて、金融機関との連携で、後継者難の企業と事業買収による経営拡大に興味のある企業の情報を収集し、企業間のマッチングを行っています。ちなみに、14か所にしかないのは変だと思うかもしれませんが、特に需要が多い地域、支援体制の整った地域にセンターがあるのであって、事業引継ぎ相談窓口は47都道府県にあります。

『中小企業白書　２０１３年版』の１３８頁には２０１２年度の成約件数が９件と書かれていますが、毎月の相談件数の合計が８１３件ですから成約件数はかなり少ないです。それほどマッチングというのは時間もかかって難しいのです。また１３７頁には、静岡県事業引継ぎ支援センターの面白い取り組みが紹介されています。「創業・事業引継ぎ支援プロジェクト」といって、起業希望者と後継者難の小規模事業者とを結び付けようとしています。起業に興味のある人にとっては、すでにある事業なので、１からビジネスを立ち上げるよりリスクが軽減されますし、事業を残したいと考える企業にとっても、産業の衰退を懸念する地域にとってもメリットのある取り組みです。事例としては、①商店街にある乾物の食料品店を営む個人商店の経営をしたいという熱意のある起業希望者を公募し、40代の女性候補者が選ばれました。②店主は、10年間は後継者とともに店頭に立つそうで、５年間で経営ノウハウを伝え、６年目で屋号、設備を含む事業を無償で譲渡する予定だそうです。③後継者は店主が不得意なインターネットでの通信販売にも取り組み、将来的には法人化したいとのことです。

店主は、新しい経営者による新しい取り組みで新しい客層を呼び込めれば、事業拡大にもつながるし、商店街の活性化につながるのではないかと語っています。事業承継を経営革新の機会ととらえていますし、後継者を育成しながら（あるいは、後継者に経営者としての「学習の機会」を与えながら）、商店街活性化という地域貢献にも結び付けようとしています。そしてこれを地域の専門家たちがノウハウを尽くしてサポートするのです。身近な事業承継の事例を通じて、若者たちが自分で会社を経営してみたい、起業してみたいと思うようになるかもしれません。事業承継の意義を教えてくれるような事例です。

（3）M&Aの可能性

中規模企業の事業承継にとっては、M&Aの可能性が広がることは重要です。実際、事業承継問題を抱えた中小企業からのM&Aに対する相談が増えているようですし、事業を拡大したい比較的大きな企業からの買収提案も増えているようです。事業の多角化を進めたい企業にとっては、獲得に時間のかかる技術や販路、ブランドなどを買収先の企業から一気に取り込むことができます。『中小企業白書　2013年版』の170頁には、中堅・中小企業に特化したM&A仲介・コンサルティングを行う株式会社日本M&Aセンターの記事が載っており、成約組数が増えていると言っています。

M&Aの可能性が広がれば、事業承継問題を抱えた中小企業を助けるだけでなく、起業家精神旺盛な人が新たな事業を始めるサポートとなるかもしれません。日本は起業家に対する憧れや関心、尊敬が他国に比べて高くないと言われており、それが日本の低い開業率の原因となっているとも言われています。2014年8月8日の日経新聞朝刊に、「起業家精神　授業で養う」という記事があります。地域の課題を解決させるアントレプレナーシップ教育が高校などで増えており、2014年6月の国の成長戦略にも盛り込まれたと言われています。しかし指導法が確立しているアメリカとは異なり、日本ではまだ試行錯誤の段階で、若者の起業家精神が高まるにはまだまだ時間がかかりそうです。

起業家精神旺盛な人が今後しばらく増えてこないなら、起業家精神の高い人にいくつもの事業を立ち上げてもらうほうがいいかもしれません。2014年9月15日の日経新聞朝刊に「2度目の起業　海外挑む　会社、売却後に再び設立」という記事がありますが、「一度興した企業を売却し、次のベンチャーを立ち上げるシリアルアントレプレナーが日本でも台頭してきた」と書かれてあります。起業の事例が増えれば増えるほど、若者が起業を身近に感じる機会が増えるでしょうし、そうしたことによって起業に関心を持ったり、起業に魅力を感じるようになるかもしれません。そういう意味でもM&A市場の発展は日本にとって重要でしょう。廃業増加が不可避なら起業を増やして、新陳代謝を高めるようにしなければなりません。そのための環境整備がどうしても必要になってきます。

（4）経営革新

先ほどの静岡の商店街の事業承継の例でも出てきましたが、事業承継は経営革新の良い機会です。現在、高齢の経営者の多くが高度経済成長期に起業していますが、その当時とは環境は大きく異なっています。中小企業白書ではよく、中小企業のＩＴ化の遅れを指摘しています。ＩＴを活用した新たなビジネスの可能性が広がっているにもかかわらず、中小企業の経営者の多くがそれに対応できていないのです。経営者が持っていないＩＴを活用した販路拡大、連携、新製品開発につながれるなら、若手の後継者に事業を引き継いでもらいたいと思うようになるかもしれません。

『中小企業白書　２０１４年版』の２６２頁に書かれてあることですが、事業承継後に新しい取り組みを行った企業は、先代と異なる取り組みを行っていない企業より、「業績が良くなった」と回答した割合が高くなっていますし、『中小企業白書　２０１３年版』１３０頁の「経営者の年齢が若いほど利益が増加する」という結果と合わせて考えると、若手経営者の新しい取り組みに期待できるところは大きいと言えそうです。

２０１４年９月24日の日経新聞朝刊に、「中小再生、後継者後押し　不振事業分離に補助金「第２創業」促す」という記事があります。「不振の従来事業を整理し、新分野への進出で再建を目指す後継者に２０１５年度から補助金を出す検討に入った」と書かれています。廃業すると経営資源が失われてしまいますが、価値ある経営資源を残しつつ、不採算部門だけ切り離して新分野を開拓できれば成功の可能性が高まると経済産業省は考えているようです。また、後継者以外の親族が先代経営者から株式をもらえる権利（遺留分）を行使できなくする特例措置を親族でない後継者にも適用する法改正を目指しているということも書かれています。税制面でも、「先代が生きている間に次代に引き継ぐ場合、次代に経営権を渡した後も贈与税の猶予措置を続けて納税義務が生じないようにする」と書かれてあります。経済産業省は、完全な廃業よりもあくまでも事業承継を重視し、事業承継を前提として経営革新をしてほしいと考えているようです。

（5）ものづくり補助金

先に、新しいことをするために、金融機関からお金が借りやすい状態になったと言いました。政府もお金を借りて、設備投資することを望んでいます。

２０１４年9月30日の日経新聞朝刊の「設備投資攻めへ　投資意欲、補助金が下支え」という記事があります。関西の中小企業の設備投資意欲が回復してきたという話ですが、安倍政権が中小企業の設備投資を促進するため、１０００万円を上限に投資額の3分の2を補助する「ものづくり補助金」を導入し、採択された補助金の件数は関西が全国の2割を占めているとのことです。商工会や自治体などと連携してＰＲに取り組んだ効果が出たとしています。たとえば、門真市の「中小企業サポートセンター」は専門家が補助金申請を支援する体制を整えたと言っています。がんばる中小企業を国も地域の中小企業支援機関も応援しているのです。

4　人材

（1）シニアの技能活用

先にも触れましたが、現在、景気が回復傾向にあると言われているために、人手不足になってきています。その一方で新しい人材採用、人材活用、人材育成法が広がってきています。

2014年4月24日の日経新聞朝刊に「シニア雇用　70歳時代へ　関西の中小企業　法改正が弾み　技能長く活用」という記事が出ています。人手不足になると、人を雇うために多めに給料を支払わなければならず、全体として賃金もアップします。大企業で賃金が上がると、中小企業でも賃金を上げざるを得ません。しかし、中小企業で同程度賃金をアップしたとしても、残念ながら若者は大企業に流れてしまいます。大企業は団塊世代の退職があっても新しい人がどんどん入ってくれば組織が活性化します。企業の参入があれば競争が起こり、新陳代謝が高まるという話と同じように、大企業の組織では新陳代謝が高まります。

中小企業の場合は、若手を採用することが困難です。そのため、中小企業では、従業員の定年を長くして、もう少し働いてほしいと考えます。改正高年齢者雇用安定法の施行が弾みで、60歳、65歳の定年ではなく、70歳まで働いてもらったり、定年年齢の上限のない企業まで出てきているのです。

少子高齢化の中で、高年齢者が新しい戦力と考えられたり、高年齢者の働きやすい環境が整えられてくるという意味ではいいことかもしれません。しかし、若手が入ってこないと技能の伝承が進みません。これまでは景気が悪くて、若者をあまり採用できませんでした。経営者の引き継ぎだけでなく、職人たちの技能も引き継いでいかなければなりません。この人たちが技能を伝えずに退職すると非常に困ったことになります。経営者が新しくなっても、職人が一人いなくなるだけで会社が動かなくなった、技能やノウハウが消えたというのでは困るのです。そのために技能者の再雇用に頼るだけでなく、中小企業も若手を採用し、技能伝承に積極的に取り組む必要があります。

(2) 技能伝承の試み

２０１３年12月16日の日経新聞朝刊に「匠の技、デジタルで伝承　ものづくり、大学と組み「見える化」」という記事があります。またこの記事には、「中小の4割に危機感」と書かれてあり、技能伝承がうまくいっていない理由として、「ノウハウや伝承方法がはっきりしていない」、「技能やノウハウを伝承する時間的・人的余力がない」、「若手と中高年のコミュニケーション不足」などが挙げられています。

こうした問題に対処するため、ものづくり中小企業と大学が協力し、デジタル技術を活用した技能伝承の取り組みが行われているのです。シニア技能者とのコミュニケーションなしでパソコンを見ながら学べるというのは、忙しくてゆっくり技能を教えられる状況にない場合はいいのかもしれません。

また、2014年7月28日の日経新聞朝刊の「若手を匠へ　苦心の育成　団塊が引退　技能承継円滑に」の記事に守口市の板金加工の淀川製作所が開設した「大阪匠塾」の取り組みが紹介されています。パナソニックOBら技術者が集まる研修会社テクノスタッフや近畿中小企業溶接事業協同組合から講師を招き、工場の遊休スペースを使って溶接や機械加工の技術を学べるようにしているようです。淀川製作所の社長は自社だけでなく、外部にも開放し、若者が週末や朝晩でも学べるモノづくりの拠点にしたいと言っています。若手技術者育成のために、そしてモノづくりの魅力を地域の若者に伝えるために、中小企業も知恵を絞っています。

(3) 若手採用

若手を積極的に採用している中小企業もあります。どのように中小企業で働く魅力を伝え、採用において工夫をしているのでしょうか。

2014年3月31日、日経新聞朝刊「経営の視点、中小が新卒求める意味」には、面白い取り組みが書かれています。「中小工場で働くイケメンをカメラマンが撮影し、インターネットで紹介する『ゲンバ男子』が中小企業の間で話題」だそうです。中小企業支援機関の大阪産業創造館が2013年に始めた取り組みで、若手の採用に力を入れている企業が積極的に参加しているようです。

大阪市の東洋バレル技研という町工場の社長は、これを新規顧客開拓に結び付けているようで、「営業先が30代半ばという会社の若い平均年齢に興味を持ってくれて、長く付き合える会社だと思ってもらえる」と言っています。大阪市の金属加工のマツダもこれまで即戦力の中途採用を進めてきましたが、3年ほど前から新卒採用に切り替えると平均年齢が若返り、新規受注も増え始めたと言います。「お客さんが、後継者を育てている企業を見極め、仕事をシフトしているから」と言っています。

マツダは新卒の採用でも、全社員と話し合って職場の雰囲気をつかんでもらう1日半の就業体験などを実施しており、また中小企業経営者たちで設立した「大阪ケイオス」を通じ共同の採用活動にも取り組んでおり、合同説明会のほか、各社の内定者を毎月集めて悩み事などを話し合う機会も設けているようです。このように、中小企業だから限界があると考えるのではなく、支援機関を積極的に活用したり、中小企業同士で連携したりして、若手獲得を進めようと努力している企業もあるのです。

(4) 新しい人材活用

中途採用で大企業からの転職を求める方法もあります。中小企業は大企業に比べると技術は優れているけれど、営業ノウハウの部分が弱かったりします。大手の下請けを続けられるならいいかもしれませんが、先にも触れたように大手の国内生産、国内調達へのシフトは遅いため、自ら国内市場を開拓したり、新製品を開発したり、あるいは海外で販売することを考えていく必要があります。

そのため、販売(営業ノウハウ、人脈等)、組織体制づくりに関する中小企業側からの人材ニーズは大きく、中小企業への転職を進める仕組みづくりが必要となってきています。

例えば、2014年9月1日の日経新聞朝刊「大手から転職　成長を後押し」の記事ですが、最近、40歳前後のミドルの転職が増えているようです。これは転職の環境が整備され、ミドル世代側も自分のやりたい仕事を選んだり、多様な働き方を求めたりする人が増えてきているためと考えられます。幹部の人材不足に悩む中小企業にとっては戦力として魅力的だと書かれています。中途採用の人が増えると、これまで会社の中からは出てこなかったアイデアが生まれやすくなり、イノベーションも起こりやすくなるかもしれません。

また、2014年5月19日のNHKクローズアップ現代「主婦パワーを生かす1〝高スキル主婦〟が中小企業を救う」でも取り上げられましたが、2013年に始まった「中小企業新戦力発掘プロジェクト」によって、営業・経理・人事・マーケティング・商品開発・法務などで高い能力を持つ優秀な女性を採用できる機会もできてきました。これは、再就職を希望する主婦などが国の委託した人材派遣会社に登録し、人材派遣会社が一人一人の持つ能力・経験と、人材を求める中小企業側のニーズとをマッチングさせるという取り組みです。最大3か月のインターンシップが可能で、その費用（1日5～7000円）は国が負担してくれます。短時間のパートや短時間正社員が多いので中小企業は優秀な人材を比較的安く雇えるようになっています。このように、中小企業が新しい取り組みを行いやすい環境が整えられてきていますが、同時に、中小企業は多様な人材が働きやすい環境を整えていく必要に迫られています。

5　おわりに

景気も回復の兆しが見え、最近はインターネットを活用した資金調達方法であるクラウドファンディングも利用されるようになり、起業環境は整ってきました。開業率が高まれば、企業間の競争が起こり、競争に負けないための工夫と新しい取り組みが行われ、日本企業の国際競争力も高まるはずです。

しかし、そう簡単には開業率は上がってこないと思いますので、中長期的に、廃業率の上昇を抑えながら、開業率を高めていく取り組みが必要だと思います。特に、事業承継を考えたことのない経営者には、次世代の人材に対する「学習の機会」の提供のために、そしてまた地域活性化のために早い段階から事業承継に取り組んでいただきたいですし、また、地域の中小企業支援機関や教育機関には、地域の中小企業経営者との交流などを通じて、若手に事業承継や起業に関心を持ってもらい、最終的に地域の産業基盤の維持、発展につなげていっていただければと思います。

中小企業の中には経営環境の変化をしたたかに乗り越えていく企業もたくさんあります。また、中小企業支援機関も経営革新に取り組む企業に積極的に相談や支援を活用するように助言をしています。

経営資源の少ない中小企業は、支援機関や金融機関を経営のパートナーと考え、事業承継の問題だけでなく、さまざまな相談を気軽に持ち掛け、支援、アドバイスを受けたほうが得策だと思います。また、中小企業の中には、外部との連携を図りながら経営環境の変化に前向きに取り組む企業があることにも触れましたが、そのような企業は、取引先の評価も高いのです。皆さんもこれを機会に、中小企業や事業承継、起業、地域などについて考えてみていただければと思います。

参考文献

中小企業庁（２０１３）『中小企業白書　２０１３年版』日経印刷。
中小企業庁（２０１４）『中小企業白書　２０１４年版』日経印刷。

V 事業承継とマーケティング

追手門学院大学経営学部准教授、博士（経営学） 朴 修賢

1 はじめに

事業承継とは、「後継者に事業を承継させる場合のこと」を指します。より具体的に言うと「本来の経営者が高齢化になり、次世代の後継者に、今やっている企業、または経営を継いでもらうこと」が事業承継になります。

事業承継の過程では、相続対策を含む、さまざまな問題を考えなければなりませんが、その中で、最も重要な問題は何かと言うと、誰に事業を承継してもらうのかという後継者問題です。

事業承継の後継者として、よく言われるのが親族である子どもです。子どもが1人であれば単独承継、子どもが2～3人いた場合は共同承継となります。また、子どもがいないか、子どもに事業

承継の意思がない場合は、従業員ということで社内承継、それもいなければ、会社の外、外部の人に承継してもらいます。

しかし、後継者問題は、単に誰に後継者になってもらうかだけの問題ではありません。どんな人材が後継者になるのかの問題です。言い換えれば、その後継者が経営者として能力を持っているかどうかの問題です。事業を承継するということは、その事業を発展・存続させていくことを意味します。つまり、事業承継というのは、先代が稼いだ「富」を頂くことではなく、「経営」を頂くこととして考えなければなりません。そのために、事業を承継した後継者には経営者としての能力を有しているかどうかが大事な問題として問われるわけです。

このようなことから、本章では後継者が経営者として備えるべき能力について考えたいと思います。経営者には、さまざまな能力が求められますが、とりわけ、事業のことを戦略的な目線で見て判断する企業戦略計画とマーケティング戦略について考える能力が求められます。

2　企業戦略計画とマーケティング戦略

後継者には、戦略的な思考能力が求められます。単に先代がやってきたことを子どもの頃から身近なところで見てきたから、何となく分かっているという経験値だけでは、企業の長期的な成長と存続を遂げることはできません。事業承継を成功させるためには、企業における全体としての戦略計画が大切になります。

では「戦略」とは何でしょうか。本来「戦略」という言葉は軍事的に使われる用語ですが、近年、経営でもよく使われるようになりました。経営における戦略とは「自分が将来達成したいと思っている『あるべき姿』を描き、そのあるべき姿を達成するために自分の持っている経営資源（能力）と自分が適応すべき経営環境とを関係付けた地図と計画（シナリオ）」のようなものです（沼上（2010））。

事業承継においてあるべき姿とは、その企業の「未来を考える」ことを意味します。先代から承継した会社を、自分がどこまで発展させていくのかという将来を設計することです。つまり、企業がより大きな環境の中で何を実現したいと考えているかを表明したもので、「企業理念」と表現されるものです

京都で100年以上和菓子屋を続けている、ある老舗があります。その店主に「どうやってこの店は、潰れずに100年も続けることができたんですか」とその秘訣を尋ねたことがあります。その質問に対する店主の答えは、意外と簡単なことでした。それは「変えない勇気」でした。ここで「変えない勇気」は、ただ単に「先代からずっと続いてきたものだから、私が勝手に変えてはいけない」という考え方によるものだと見てはいけません。「変わらぬ伝統的な和菓子」ということが、将来達成したいと思っていた、その店のあるべき姿、つまり、企業理念だったとすれば、変えない勇気も、一つの戦略になり得る話です。

未来のあるべき姿、企業理念を達成するためには、「企業目標」と「戦略計画」を考えなければ

なりません。

「企業目標」とは、企業理念をより具体的で、詳細な目標で置き換えたものです。つまり、企業目標とは、企業理念というものを、具体的に「どのような事業で、どこまで成功させたいのか」ということで、事業領域を表現するものです。

そして「経営戦略」とは、「どうすれば企業目標が達成されるのか、あるいは、その可能性がどのぐらいなのか」ということに対する答えを探るために、その計画を決めることです。まずは、内部的に、「わが社は、どこまで可能なのか」、「自分たちの経営資源が、どれぐらいあるのか」、「どこに強みがあるのか」、「どこに弱みがあるのか」ということを判断しなければなりません。

外部的な要因もあります。まずは「市場性」で、「やりたい」と思っても、そこに「市場としての魅力」があるのか。また、消費者がどのくらい存在しているかという、「市場の規模」を考えなければなりません。そして、競合他社はあるのか。大体、市場規模が大きいところは、稼げる魅力度があるので他の企業も集まり、ライバルが多いのです。ライバルが存在しない市場というのは「ニッチマーケット」で、最近は「ブルーオーシャン」という言葉を使います。反対に、競争相手がたくさんいるところを、「レッドオーシャン」と言います。

競争する相手の存在しない「ブルーオーシャン」は、競争しなくてもよいから楽だと思われるかもしれませんが、競争相手がいないということは、そこには市場として魅力度が確信できない問題があります。ですから、市場性と競合他社、競合ライバルということは、「なぜ、みんなはあそこ

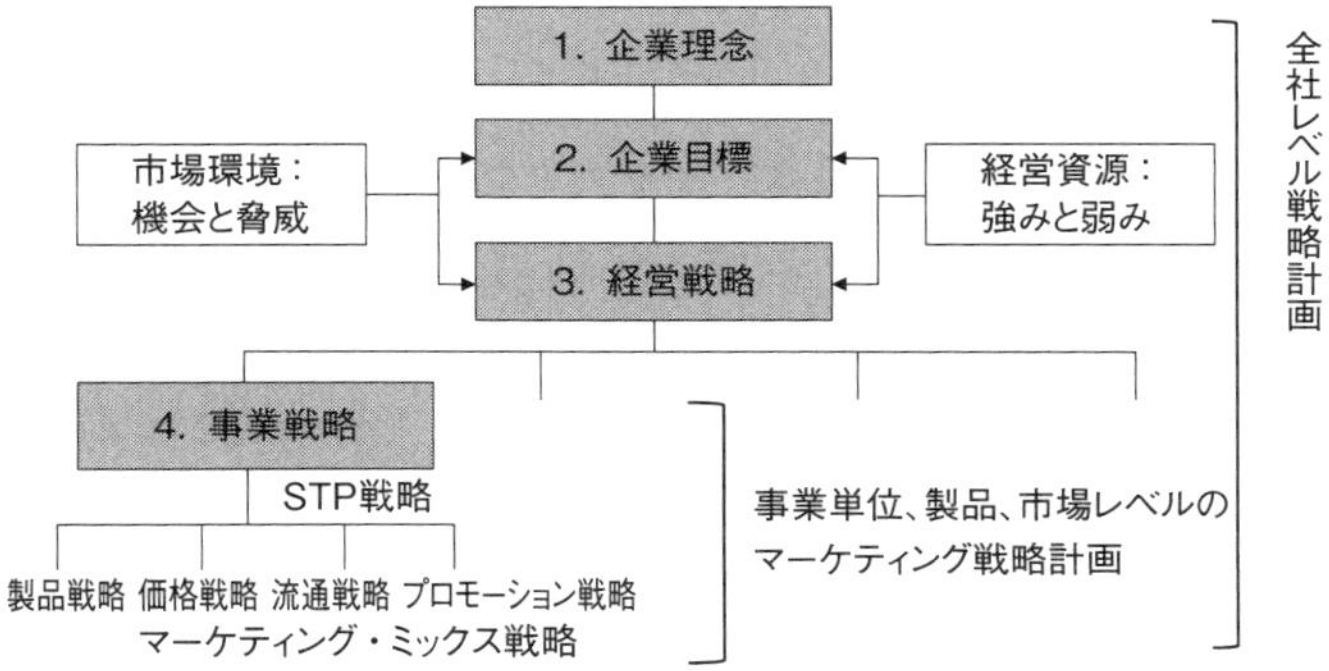

図1　企業戦略 計画とマーケティング
出典：和田・恩蔵・三浦（2010）p.54より作成

の市場、あの事業に参加しないのか」ということを、つなげて考えなければなりません。

また、社会的な要素についても、いろいろなことを考えなければなりません。社会的な状況、そこの文化的なものなど、多様な要素を考えた上で、「今回は、事業の中で、どちらに力を入れるべきか」、「どちらの力を減らすべきか」ということを判断するのが経営戦略です。

なぜ経営戦略を考える必要があるのかというと、全ての企業が、無限大に経営資源を持っているわけではありません。限界があるので、そこに合わせて、自分たちが効率よく事業を行うために、経営戦略を考えなければならないからです。以上のようなことを、企業全体の視点から考える戦略計画、つまり全社レベルの「戦略計画」と言います。それに対して、「マーケティング戦略」は、全社レベルの戦略計画の下位の戦略概念であり、具体的な市場・製品・ブランドを核とする事業レベルの戦略計画です（**図1**）。

3　マーケティング戦略

(1)　顧客志向

マーケティング戦略とは「売れる仕組みをつくること」です。「売れる仕組みをつくる」というのは「つくった製品を売る」のではなく、「売れる製品をつくること」から始まります。「つくった商品を売る」ということは、生産者の技術力によってつくり出された製品を売り込むことで、販売の考え方を指します。販売マネジメントは、工場の生産計画によって生産された製品を、販売促進を通じて売上を伸ばし、その売上増で利益を得るという発想によるものです。それに対して「売れる商品をつくること」は顧客志向に基づいたもので、マーケティングの考え方を指すものです。マーケティングの考え方は、顧客のニーズを察知し、それに合わせた製品を供給することで、顧客を満足させる、顧客に満足してもらえば、自然に売上が増加し、企業の利益につながるわけで、究極的には営業が必要とならないという発想です(石井・廣田(2009))。

ここで「顧客志向」とは、消費者が真に望んでいるものは何かを把握し、それに応じることを意味します。マーケティングと販売の違いは、この顧客志向に基づいているのか、いないのかの違いです。

「顧客志向」と関連した有名な事例が「New Coke」事件です。「ペプシ対コカ・コーラ戦争」は古くからマーケティング研究でよく取り上げられていた事例ですが、「New Coke」の事例は197

0年代にペプシコーラが行っていた「ペプシチャレンジ」キャンペーンに刺激を受けたコカコーラが初めてコーラの味を改革しようとして失敗した事例です。

当時、ペプシコーラは、全米の消費者を対象として、ブラインドテスト、つまり目隠しをしてコーラの味を比べさせる「ペプシチャレンジ」というキャンペーンを行っていました。目隠しをしたまま、ペプシコーラとコカコーラの両方を飲んだ消費者の中で、多数がペプシコーラの味の方がおいしいと答えました。

それに対し、コカコーラは焦りからコーラの味を改良することを決めました。まず市場調査の結果、ペプシコーラの方が、コカコーラより少し甘口で爽やかだということが分かりました。そこでコカコーラは製品の味を少し甘口に直しました。その際に、1万7000人を対象にテイスティングを行った結果、1万7000人が、「改良したコカコーラの方がおいしい」と答えたので、自信を持って「New Coke」という名前で、販売を開始しました。「コカコーラが変わった」とアピールし、「ペプシよりおいしい」と新しいコーラの味を強調しましたが、その結果は、予想外のことでした。「New Coke」は販売開始わずか3カ月で販売中止になりました。

消費者たちは「私たちのコカコーラに、何ということをしてくれたのか」と怒り、「コカコーラは買わない」と、ものすごい勢いで苦情を出してきたのです。そのために「New Coke」はたった3カ月で販売をやめ、結局、「Coca Cola Classic」という名前で、元のコカコーラに戻しました。

この事例が意味することは何かというと、結局、消費者のコカコーラに対する愛情は、味だけではなかったということです。要するに、いかに良い製品を作って売ればいいのかという、製品中心の思考は、消費者が本当に何を望んでいるのか、つまり顧客の真のニーズを見逃してしまう恐れがあるということです。

(2) 消費者のニーズを誤って理解しないように──マーケティング近視眼

マーケティング戦略のためには「顧客のニーズを把握することが大切だ」とよく言いますが、それに対して過ちを犯す場合があります。消費者のニーズを誤って理解しないためには、「ニーズ」と「欲求」を混同してはいけません。

「ニーズ」と「欲求」を誤って理解するとマーケティングの近視眼に陥る恐れがあります。

最近、私は家をリフォームして引っ越しをしました。引っ越した家の壁に絵を掛けるために、壁に穴を開けて、ネジを締めようとしました。そして穴を開けるために、ホームセンターで電気ドリルを購入しました。ここで、私が本当に欲しかったものは何でしょうか。電気ドリルでしょうか。違います。私が本当に欲しかったものは絵を掛けるネジを締めるための穴なのです。「ニーズと欲求を間違う」とはどういうことかというと、「消費者が、穴ではなく、電気ドリルを欲しがっている」と思ってしまうことです。

自分が本当に解決したいと思う問題を「ニーズ」と言い、それを具体的に普遍化したものが「欲求」というものです。

最近猫を飼いたいと思っている人が多くいるようですが、人々はなぜ猫を飼おうとするのかについて考えてみましょう。まずペットとして猫を飼っている人もいますが、人によっては、違う理由で猫を飼う場合もあり得ます。

例えば、ネズミ駆除のために、ネズミの天敵である猫が欲しいと思う人がいるとしましょう。その場合、この人にとって、猫のライバル、つまり猫に代わるものは何になるでしょうか。超音波のネズミ駆除器やネズミ捕りなど、さまざまなネズミ駆除用の製品が考えられるし、それらの製品は、その人の中での選択肢になります。ですから、消費者の「ニーズ」はモノ中心で理解してはいけません。

もう一つの事例として、ソニーの「ウォークマン」で考えてみましょう。一時、世界的に大ヒットした商品であったソニーの「ウォークマン」が普及する前まで、音楽は室内で聞くものでした。自分の好きな音楽を好きな場所、外に持ち出したいという人々のニーズを解決したのが、小型の「ウォークマン」という製品でした。発売当時、「ウォークマン」は、潜在していた消費者のニーズを掴んだ画期的な製品として、注目を浴びていました。

ところが、今は、音楽を聴くために、ウォークマンを使う人は少なくなりました。最近では、スマートフォンやタブレットのようなモバイル端末機を使って、音楽を聴く人が多くなりました。しかも好きな音楽は、インターネットでダウンロードして手に入れられます。過去には、音楽機器、パソコン、電話機は全く別物として認識されていました。しかし現代は、消費者のスマートフォンなどを通じて、「音楽を外に持ち出したい」というニーズを満たしています。つまり、消費者は音楽を外に持ち出したかったわけであり、「ウォークマン」そのものが欲しかったわけではないことが分かります。

このように、「消費者のニーズを正しく把握する」するためには、製品中心の思考ではなく、消費者が解決したいと思っていることが何かに注目すべきです。

4　マーケティング戦略プロセス

マーケティング戦略というのは具体的な事業レベルで戦略を考えるものです。事業レベルというのは、企業理念・企業目標・経営戦略に合わせて、科学的であり、論理的に製品・価格・流通・プロモーション・ブランドなどに関する戦略計画を樹立し、実践することであり、マーケティング戦略プロセスは、大きく言うと、ＳＴＰ戦略とマーケティング・ミックス戦略で構成されます。

(1) STP戦略

「ＳＴＰ戦略」とは、市場を細かく分けるという意味での「市場細分化（Segmentation）」の「Ｓ」と、「標的市場を決める」という「ターゲッティング（Targeting）」の「Ｔ」、そして「ポジショニング（Positioning）」の「Ｐ」を組み合わせたものです。

まず、「市場細分化」は、基本的には「市場は同質的ではない」ということで、人間は一人一人その人の個性があり、好みがあるという考えに基づいています。しかし、消費者はみんな一人一人違ったニーズを持っていると言って、企業がそれぞれのニーズに合わせて一つずつ違った製品をつくっていくと、どうなるのでしょうか。

つまり、消費者のニーズが違うということで、みんな違うニーズに合わせると、その分、莫大なコストがかかります。ですから、ある程度は、まとめて生産しなければなりません。ある程度、似ている個性を持っている人たちごとに分けることが、「セグメント」です。そして、市場を構成する人々を、何らかの共通点に着目して、同じようなニーズを持つ市場部分に分類することを「セグメンテーション」、「市場細分化」と言います。また、ここで分解された市場それぞれを「市場セグメント」と言います。これは、分けた部分のひとくくりです。

次に、細分化した市場の中で、自分たちが主として狙っている市場セグメントを「ターゲット・セグメント」、あるいは「ターゲット市場」と言います。

しかし、消費者が、「これもいいけど、あれもいい」というように、たくさん選択肢を持っている場合、企業がターゲットを決めていても、結局、消費者に対して「他の選択と何が違うのか」ということをアピールしなければなりません。その違いをアピールするために自分たちの特色をつくることを、「ポジショニング」と言います。

一方、市場細分化を行うためには、基準となるものが必要となります。その基準を「次元」または「軸」と呼びます。市場を細分化するのに、誰でも最適な方法を持っているわけではありません。

さまざまな細分化基準を試し、いろいろと組み合わせてみて、市場構造を把握するのに一番適した方法を見つけ出すのがマーケターの役割です。

その際、自分の頭で考えて、自分独自のオリジナルな軸をつくり出すことも重要ですが、まず一般に使われている軸を理解しておくことも重要です。顧客市場を細分化する際によく用いられるのは、**表1**に示しているように、Ⅰ地理的変数、Ⅱ人口統計的変数、Ⅲ心理的変数、Ⅳ行動的変数の四つがあります。

3で述べた「ペプシ対コカ・コーラ戦争」の話に戻ります。「ペプシチャレンジ」キャンペーンを通じて、味の面でコカコーラより優位を占めるようになったペプシコーラでしたが、ペプシコーラが、最初からコカコーラに対して優位な立場に立ったわけではありません。最初、ブラインドテストを通じて消費者に「どっちのコーラがおいしいか」と聞くと、ペプシの方がおいしいと答えた消費者が多かったのですが、いざ店でコーラを買うことになると、ペプシコーラではなく、いつものようにコカコーラを買う消費者の数が多かったのです。それに対して、ペプシコーラは「味ではない」と考えました。そして、市場を細分化し直して、ターゲット市場を変えることを考えました。

さて、コカコーラは、誰をターゲットにしているのでしょうか。コカコーラのホームページを見ると、「みんながハッピーになるように、コカコーラが……」という文言があります。ですから、コカコーラは「特定のターゲットはなく、満遍なくみなさんに愛される」と言っています。

ペプシコーラはそれに気付き、年齢で市場を細分化し、コカコーラが全般をターゲットにするの

表１　市場細分化の基準

Ⅰ地理的変数	Ⅲ心理的変数
①地域 ②都市規模 ③人口密度 ④気候	①社会的階層 ②ライフスタイル ③性格
Ⅱ人口統計的変数	**Ⅳ行動的変数**
①年齢 ②性別 ③家族数 ④家族ライフサイクル ⑤所得 ⑥職業 ⑦学歴 ⑧宗教 ⑨人種 ⑩国籍	①購買機会 ②追求便益 ③使用者状態 ④使用頻度 ⑤ロイヤルティ ⑥購買準備段階 ⑦サービスへの態度

出典：Kotler＆Armstrong（1997）．訳書 p.231

に対して、ペプシコーラはティーンエージャーにターゲットを絞り込み、ポジショニングをやり直しました。今までは、「コカコーラと同じように、ペプシコーラもおいしい。ですから、みなさん、飲んでください」というやり方でしたが、ペプシコーラはターゲット市場を若いティーンエージャーに絞り、ペプシコーラはＣＭを通じて、「ニュージェネレーション（新しい世代）」、コカコーラは「オールドジェネレーション」だとアピールしました。コカコーラは、「時代遅れ」、「若くない」、「古い」というイメージを出し、ペプシコーラは「最先端」、「若い」、「新しい」ということを強調し始めました。その結果、ペプシコーラの売上は大幅に増加していきました。

以上のように、ＳＴＰ戦略は「市場の中で、自分たちがどこを狙うか」というターゲットを決め、「そのターゲットに合わせて、自分たちの企業の商品のイメージ・魅力を、どうアピールするか」と考えることです。

(2) マーケティング・ミックス戦略―4P

市場を細分化し、自分たちの狙いを決め、その狙いに対して、競合他社と差別的なアピールができるように、消費者に認識してもらうようにすることがポジショニングだと言いました。このポジショニング戦略を実践するためには、決定したポジショニングに合わせて製品戦略を計画し、またそれに合わせた価格戦略、流通戦略、プロモーション戦略といったマーケティング・ミックス戦略が必要となります。つまり、自分たちで考えているイメージに合わせた商品をつくらなければなりませんし、その製品に合わせた価格、流通、プロモーションを考えなければなりません。それが、総合的なマーケティング戦略になります。

ここで話したその製品（Product）、価格（Price）、流通（Place）、プロモーション（Promotion）のことを4Pと言って、4Pの組み合わせを考えることがマーケティング・ミックス戦略と言うものです。

まず、「製品戦略」というのは、「どんなデザインがいいのか」、「どんな機能が付いているのか」など、「どんな商品に仕上げればいいのか」などを考えます。

次に「価格戦略」ですが、製品のコスト、消費者の受容性、競合製品との競争力などのいろいろな面で考えて、価格帯を決めます。「消費者は、安く売れば必ず喜ぶ」と思う人がいるでしょう。

「正しい」と思うかもしれません。マーケティングでの価格は、心理的に満足できる価格であり、単に、コストに利益を幾らか足した金額ではありません。「競争力を持つ」という意味では、単に安くすれば競争力を持つわけではありません。消費者が納得できて、喜ばれる価格を設定することが大切で、これが「価格戦略」です。

次の「流通戦略」は、「商品の置く場所」という意味で、「どこで売るか」、「どのルートで売るか」ということを考えます。

そして製品戦略、価格戦略、流通戦略に合わせて、「プロモーション戦略」を考えます。プロモーション戦略は、製品の特徴や意味を消費者に正しく理解してもらい、市場での優位性を確保するために行うことで、広告、人的販売、販売促進、広報の組み合わせによって実践されます。

以上、マーケティング・ミックスである4Pについて簡単に説明しました。マーケティング・ミックス戦略について具体的に説明するには、紙面の制限があるために、ここでは簡単に項目だけをとり上げることにします（図2）。

マーケティング・ミックス戦略は、4Pの中で特定の一つだけを重要と考えるのではなく、4P全ての要素をバランスよく、組み合わせることが大切です。いわゆる総合マーケティング戦略と言います。

ここでSWATCH時計の事例を通じて、総合的なマーケティング・ミックス戦略の実践について考えてみましょう。

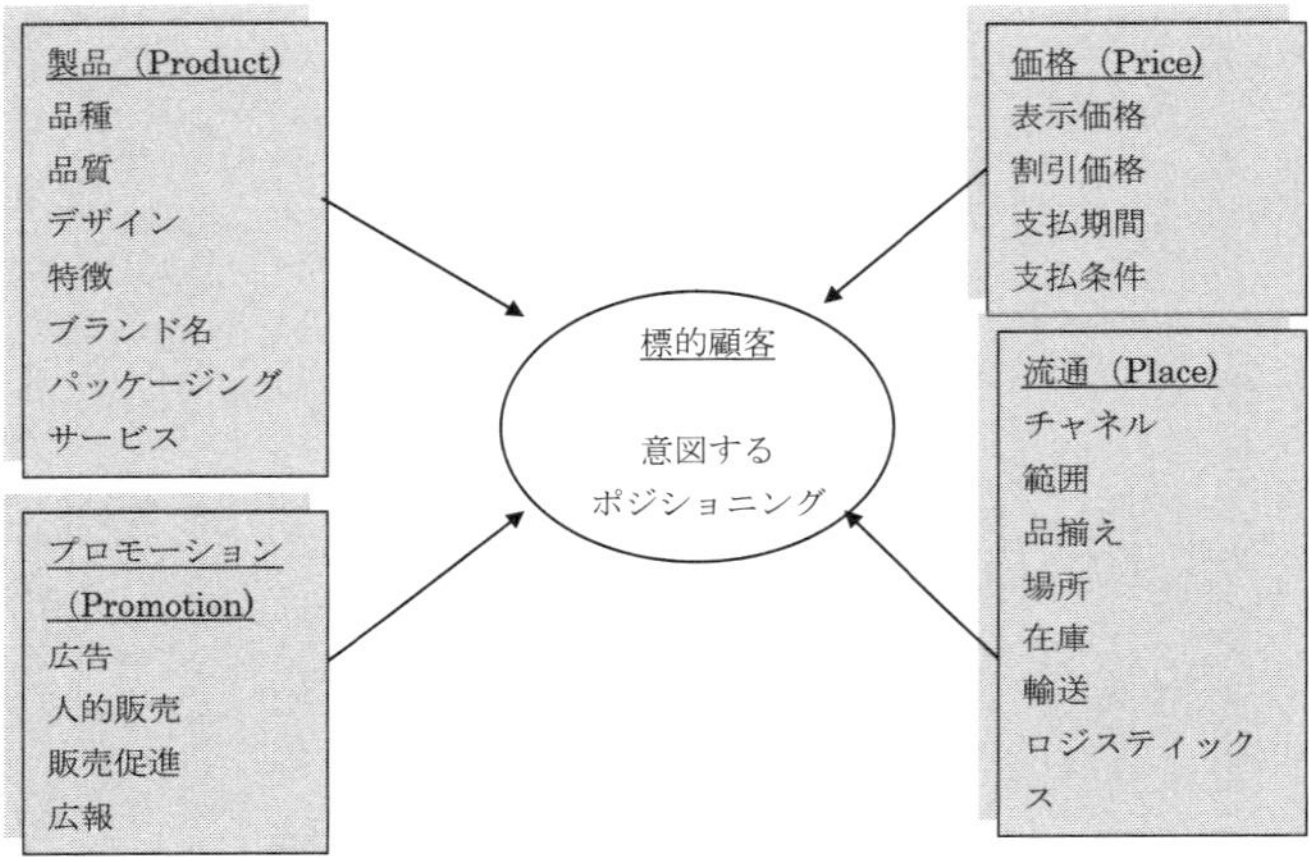

図２　マーケティングミックスの４Ｐ
出典：Kotler＆Armstrong（1997）．訳書 p.62

ファッション時計としてよく知られている、スイス時計のSWATCHのブランド名は、「Ｓ」＋WATCHが組み合わされたものですが、ここで「WATCH」は時計ですが、「Ｓ」は何を意味するのでしょうか。

時計といえばスイスといわれるように、もともとスイスの時計は高級技術、精密技術を持っていて、世界でも１９７０年代あたりから高級時計として有名でした。それが、１９７０年半ばに入ると日本や香港が低価格でも品質の良い腕時計をつくり出したため、売れ行きが落ちはじめるようになりました。とりわけ、電子時計のような、低価格の良い、正確な腕時計がどんどん売れるようになり、スイスの高級腕時計が売れにくくなりました。

そのとき、スイスの時計業界は、「腕時計とは何か」という製品コンセプトを考え直していました。従来に、「腕時計」といえば、「一生に1個、買うか、買わないか」という貴重品でした。ロレックスを1個買って、「自分が死ぬときに、息子に譲る」といわれるほどのものでしたが、日本や香港で低価格の良い時計が製造されはじめたときに、彼らは「時計はもう貴重品ではない」と考えました。つまり、「時計はファッションだ」という感覚で、製品の概念を変えようと思いました。

ここで、先ほどの「S」は何かと言うと、「second」という意味です。「second watch」の「S」なのです。つまり、1本だけではなく、ファッションに合わせて複数のsecond時計を持つ。「時計＝ファッション」、「時計＝消耗品」という感覚を持ち始めたのです。

このように考え直した結果、まず、製品戦略として、「腕時計はファッションだ」と製品概念を決め、「腕時計は高い高級品ではなく消耗品だ。secondだ」という形にポジショニングをし直しました。そして、製品の寿命は、「1個の時計を買って、飽きて次の時計を買うまで、大体、半年ぐらいだろう」と考えたのです。ロレックスであれば一生涯持ちますが、SWATCHの寿命は半年ぐらいにしようと考えました。

価格については、半年ごとに買うのなら、安くしなければなりません。そのために、彼らがどのように安くしたかというと、時計は部品がたくさん入れば、入るほど高いので、部品の数を91個あったものを51個に大幅に減らすことで、コストダウンし、そこに合わせて値段を1個40ドルから1000ドルぐらいの価格帯に下げました。しかし、「スイスでつくった」というブランド力は、そのまま持っていきました。

次は流通ですが、ロレックスなどは専門店で売っていますが、SWATCHの時計が一番よく売れているのは免税店です。時計はお土産には少し高過ぎますが、SWATCHの時計ならお土産として買えるぐらいの価格なのです。その他、アウトレット、ショッピングモールなど、消費者が手頃に買えるように、販売ルーツを広げました。

最後に、プロモーションです。時計は高くて貴重品なので、スポーツをするときは、普通は腕から外しておくものでした。しかし、SWATCHの時計は、活動的な面を強調していました。スポーツをしながら付けるという感覚で、スポーツイベントに積極的なスポンサーとして参加していました。

その結果、SWATCHの時計は、「ファッション時計の定番」として世界に知られ、売上が世界の25%まで上がりました。

先ほど、マーケティングの総合的な戦略のところで、「4P」は「製品」、「価格」、「流通」、「プロモーション」の、どれが一番大切かということではなく、全てが大切で、同時に行わなければならないと述べたように製品コンセプトに合わせて、価格も流通もプロモーションも行わなければなりません。ですから「4P」は同じように重要で、同時に企画するものなのです。

5　おわりに

事業を承継するということは、その企業が100年、200年ずっと発展・存続していくことも目的とします。そのためには、市場に関して、戦略的に考える力を持つ後継者が必要となります。戦略的に考えるということは、マーケティング戦略で言えば、売る商品をつくる、商品をどう売るのかではなく、売れる仕組みをつくらなければなりません。つまり、消費者のニーズを把握して、顧客志向を実践しなければなりません。

事業承継だけでなく、企業経営において、マーケティング戦略の大切さがよく言われています。マーケティングという言葉がよく使われている割に、マーケティングが企業の戦略計画において、どのように位置づけられているのか、どのような手順で計画されるべきなのか、という点にはあまり注目されていないのが現実です。そこで、本章では、成功する事業承継のために、後継者に求められる能力の一つとして、戦略的思考能力を指摘し、戦略計画とマーケティング戦略との関わりを説明しました。マーケティング戦略は、企業理念、企業目標、経営戦略、そして各事業レベルでの具体的な戦略に沿って、計画されるものであり、企業理念、企業目標、経営戦略に合わせて、市場細分化、ターゲット市場の選択、ポジショニングが考えられ、さらに、それに沿って製品戦略、価格戦略、流通戦略、プロモーション戦略が総合的に計画され、実施されなければなりません。

最後に、「事業承継」の場合は、先代から出てきた組織や製品があるので、どうしても昔の経験値に依存することが多くなります。しかし、その経験値は、戦略計画・マーケティング戦略の基盤の上で活かされることが、より効果的になると考える必要があるということを提言することで、本章の結びにかえたいと思います。

参考文献

1　Philip Kotler & Gray Armstrong.（1997）*Marketing: An Introduction*, 4th ed. Prentice=Hall, Inc.（恩藏直人・月谷真紀訳（2002）『コトラーのマーケティング入門　第4版』株式会社ピアソン・エデュケーション）
2　石井淳蔵・廣田章光（2010）『1からのマーケティング』中央経済社。
3　和田充夫・恩藏直人・三浦俊彦（2010）『マーケティング戦略』有斐閣アルマ。

VI

事業承継とヒューマンエラーの防止

追手門学院大学経営学部准教授、博士（人間科学）　長岡　千賀

1　はじめに

ちょっとした失敗やミスが、労働災害や事業経営上の大きな損失をもたらすことがあります。そうした人的要因による失敗やミスはヒューマンエラーと呼ばれます。ヒューマンエラーは、組織やチームで予防することが可能です。事業承継に際しても、ヒューマンエラーについて、現在の経営者と後継者が相互に意識を高め対策を見直すことによって、円滑な承継が実現すると言えるでしょう。

本章では、ヒューマンエラーの事例を見ながら、ヒューマンエラー対策として必要ないくつかの視点を解説します。最後に、ヒューマンエラー発生に深く関わる組織風土やトップの意識について

議論します。
次に示す読み物は、吉田兼好（１２８３年頃～１３５２年頃）の徒然草の第一〇九段です。仕事に熟達した人が、どのような意識を持っているのが適切か、また、まだ慣れていない人にどのように関わるのがいいかについて、多くの示唆を与えてくれます（現代語訳を原文の後に掲載した）。

高名の木登り　徒然草　第一〇九段

高名の木登りといひし男、人を掟てて、高き木に登せて、梢を切らせしに、いと危く見えしほどは言ふ事もなくて、降るゝ時に、軒長ばかりに成りて、「あやまちすな。心して降りよ」と言葉をかけ侍りしを、「かばかりになりては、飛び降るるとも降りなん。如何にかく言ふぞ」と申し侍りしかば、「その事に候ふ。目くるめき、枝危きほどは、己れが恐れ侍れば、申さず。あやまちは、安き所に成りて、必ず仕る事に候ふ」と言ふ。
あやしき下臈なれども、聖人の戒めにかなへり。鞠も、難き所を蹴出して後、安く思へば必ず落つと侍るやらん。

［現代語訳］
木登りの名人

木登りの名人が、人に指図して高い木に登らせて枝を切らせたとき、危険なところでは何も注意しないで、軒の高さ（地上2メートル足らずの高さ）に降りてきたとき、「けがをするな、用心しろ」と注意したので、「これぐらいの高さなら飛び降りても平気でしょう」と、私が言ったら、「目がくらんで枝が折れそうなところでは用心するものですが、けがは簡単なところで起こる」と言うんだな。

賤《いや》しい身分の者ながら、その言葉は聖人の教訓にかなっている。蹴鞠でも、難しいところをうまく蹴ってから、簡単なところで蹴りそこなうと言うからなあ。

（現代語訳は嵐山光三郎氏の訳[1]に一部追記したものである）

危険な場所だからと用心しているときには事故は意外に起こりにくく、より安全な場所に移って気が緩んだときに事故は起こりやすい。このことは、ヒューマンエラー発生の大きな特徴の一つです。この段にはこのことがうまく述べられています。

さらに、頭領の言動に関して注目していただきたい点が三つあります。第一に、仕事に熟達している頭領が、思い込みにとらわれることなくヒューマンエラーの真の発生要因を見抜いているということです。初心者は、軒ほどの高さなら飛び降りても平気だという思い込みを持つことでしょう。吉田兼好もそうした思い込みがあったために頭領に質問をしています。しかし頭領は、「簡単」と感じることによる気の緩みが事故を引き起こすことに気がついているのです。

注目すべき第二は、それを言語化していることです。日常的によく分かっていても、いざ言葉にしようとするとまごつくことが、実は多いものです。そうであるのにもかかわらずこの頭領は、吉田兼好に質問されて、すぐに、的確に答えることができたのです。実践の中で得られる知識を、日頃からきちんと意識し言語化しているからこそ、こうしたことができたのでしょう。

注目すべき第三は、適切なタイミングで部下（木に登っている人）に指示を出している点です。より安全な場所に移った部下には、気分的な余裕が少しできていますから、そのときに出された新しい指示はさっと理解し守ることができるでしょう。もし指示が木に登る前に出されたとしたら、部下は、高い場所での難しい作業に精一杯になるために木から降りるときには指示があったことを忘れてしまっているでしょう。また、部下が高いところで作業をしているときに指示が出されたとしたら、このとき部下はメインの作業で精一杯になっていますから、新しい指示はきちんと頭に入らないでしょう。

このように、徒然草のこの段から、人材を育成する際に大切なことを読み取ることができます。そして、この大切なことは、植木職人の仕事の場面に限って有効なわけではありません。吉田兼好が示唆しているように、あらゆる仕事にも通じるものです。

事業承継は、幸いなことに、仕事に熟達した人と、まだ熟達していない人が、平生より深く対話をする機会です。そのため、この仕事で何がリスクとなるか、どのようなヒューマンエラーが生じかねないかなどについて、きちんと見直し対策を講じていくのに適した機会なのです。

では、実際にどのようなヒューマンエラーが起こるのでしょうか。次節では、具体的な例を幾つか紹介します。

2 慣れている人のエラー　まだ慣れていない人のエラー

（1）まだ慣れていない人のエラー

まだ仕事に慣れていない人は、作業遂行のために必要な知識や技術をまだ持てていません。あるいは、現場に慣れていません。このため、知識不足によるヒューマンエラーを起こすことがあります。ここでは小松原（2008）からいくつか事例[2]を紹介します（小松原（2008）には、ヒューマンエラーとその対策について、本章よりもはるかに幅広く、非常にわかりやすく書かれています）。

事例1：ある事業所で、ある作業員が工具を手にしたまま、マンホールにもぐった別な作業員を上から覗き込み、工具を落としてしまった。下にいる人は怪我をしてしまった。

事例2：ある食品工場で、ある作業員が食品ラインを何気なく覗き込んだ際、頭につけていたヘアピンが落ちてしまい、大騒ぎになった。

事例3：ある病院で、ある研修医が、自分の判断で患者に鎮痛剤の代わりに麻酔薬を注射した。患者はショック死してしまった。

ここで補足しておきたいのは、ヒューマンエラーを個人の責任にすべきではないということです。人は日常生活を円滑に送るための認知的能力を持っているがゆえに、ヒューマンエラーも起こしてしまう存在です（これに関する例を次項に示しました）。そのため、ヒューマンエラーを防止する上で、自分以外の他者と共に仕事をすることはとても有効です。ヒューマンエラーの防止のために、組織やチームで取り組むことが非常に重要なのです。

他の事例も見てみましょう。

事例4：化学工場では工場長が交代して3ヶ月すると事故が起こることが多い。新任の工場長は、最初は前任者がやったとおりにするが、職場に慣れてくると「もったいない」、「面倒」といった部分に気づき始め、3ヶ月後には自分が考えだした手順で作業し始める。しかしその変更がきっかけで、他のところに支障が出て事故が起こった。

これは、一見「もったいない」、「面倒」と見える部分が実際は非常に重要なときがあり、それが理解されていなかったために起こってしまった事例です。新任工場長も一定の専門的知識を持っていると考えられますから、「知識不足」といってもそれほど単純ではないことが分かります。

（2）慣れている人のエラー

それでは、仕事に慣れれば慣れるほど、知識や技術が身についてくるため、ヒューマンエラーを起こさなくなるのでしょうか。実はそうとは言えません。仕事に慣れた人は、別な種類のヒューマンエラーを起こしやすくなるのです。

仕事に慣れて熟達した人は、手早く、迅速に仕事をこなします。無意識に体が動くので、素早く作業ができるのです。ところが、「無意識」というのは、実は、意識していない状態、言い換えると注意していない状態です。そのため、慣れていない人とは異なる種類のヒューマンエラーを起こすことになるのです。

いくつかの事例を紹介します。まずは、２０１１年3月11日の東日本大震災に関連して発生した東京電力福島第一原子力発電所の事故に関するものです。震災の日からしばらく経過した3月25日付の毎日新聞に、次のように掲載されました。

事例５：福島第1原発事故　被ばく作業員、線量計の警報無視　故障と思い込み

東京電力福島第1原発3号機で作業中の作業員3人が被ばくした問題で、東電は25日、線量計

は正常に警報が鳴ったものの、3人は線量計の故障と思って作業を続けていたと説明していることを明らかにした。（毎日新聞）

ここで注目していただきたいのは、「3人は線量計の故障と思って」というところです。「思い込み」が起こっているのです。なぜこのような思い込みをしたのか、同日の共同通信の記事から推測ができそうです。

東京電力福島第1原発3号機で復旧作業に当たっていた協力会社の3人が高線量の放射線に被ばくし、うち2人が皮膚への障害が大きいベータ線熱傷の疑いと診断された…（中略）…2人は長靴をはいておらず、足が水に漬かった。東電は被ばくの原因について「前日の現場調査の際は水はほとんどなく、線量も低かった。このため、線量計のアラームが鳴っても故障と思い込み、作業を継続したとみられる」としている。（共同通信）

この記事から、この作業にあたった協力会社の3人は、前日の作業現場の状況をきちんと把握していたことが分かります。かつ、普段の現場の様子から、一晩で現場の状況が大きく変わることはないと信じていたのでしょう。そのため、この日も線量は本当は低いはずだと思い込み、アラームを発する線量計を故障しているのだと認知したのでしょう。現場の特徴をよく知っているからこそ、思い込みがヒューマンエラーを引き起こしていることが読み取れます。このように、仕事に慣れた人ほど思い込みによるヒューマンエラーを起こしやすいのです。

　他の例も紹介します。

事例６：１９７９年3月に起こったアメリカのスリーマイル島原子力発電所の事故で、事故のあったプラントの運転員たちは状態把握に手間取った。そんな中、正しく状態を把握できたのは、応援に立ち寄った全く別のプラントの運転長だった。

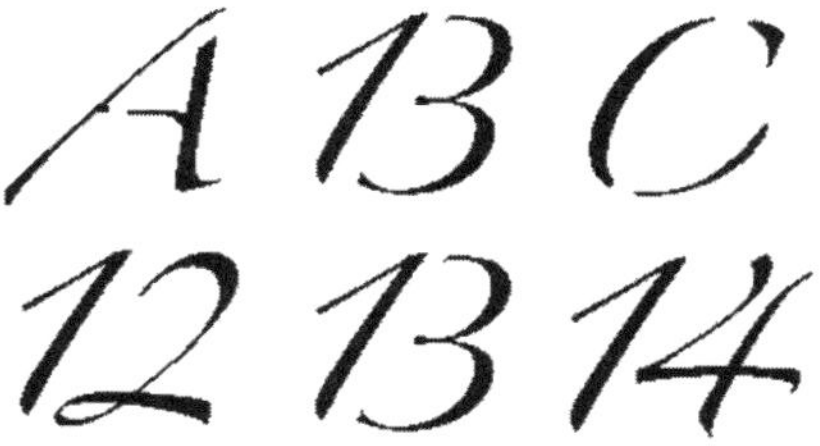

図1　読みと「思い込み」

　事故のあったプラントの運転員たちは、日頃から、そのプラントについてよく知っていました。そしてその知識に基づいて現状把握を試みているのですが、裏を返せば、平生からの「思い込み」を離れて現状をとらえることができていないのです。一方、別のプラントの運転長は、そのプラントについての「思い込み」は持っていないので、一歩離れて現状を見ることが可能だったのです。

　こうした思い込みは、リスクの高い職場においてのみ生じているわけではありません。日常的に生じていることなのです。試しに、**図1**

の上の段を読んでみてください。その後で、下の段も読んでみてください。多くの読者は、上の段はアルファベットが並んでいて、左から順に「A　B　C」と書かれてあり、下の段は数字が並んでおり、左から順に、「12　13　14」と書かれていると答えることでしょう。

しかし今度は、両段の中央の記号の形状を見比べてみてください。実は、中央の記号は同じ形状なのです。ですから、上の段の中央は「13」とも読むことができますし、下の段では「B」とも読むことができます。もしかしたら、書き手は、上の段で「A　13　C」と書こうとし、下の段で「12　B　14」と書こうとしたかもしれません。しかし、私達は、こういった可能性については通常考えません。なぜでしょうか。

図1の上の段を見る際、左側の文字、あるいは両側の文字がアルファベットであるために、読者の頭の中には、この段にはアルファベットが書かれているという認知的な枠組みが、無意識のうちにできます。下の段なら、数字が書かれているという認知的枠組みができます。人は認知的に節約しようとする性質がありますから、一旦出来上がった認知的枠組みを捨てることなく、そのまま活用して理解を進めます。こうした性質があるからこそ、日常生活を円滑に送ることができるのですが、同時に、こうした性質ゆえに「A　13　C」などと書かれている可能性を思い浮かべることはないのです。

安全な状況であればこうした認知の仕方が有効ですが、普段と異なる状況においては、こうした認知の仕方がヒューマンエラーの原因になることがあるのです。

（3） 後継者教育：慣れている人とまだ慣れていない人の対話の場

仕事に慣れている人、すなわち熟達した人とまだ慣れていない人との違いを説明するモデルも提出されています。[3] このモデルは、例えばコンピューターのキーボードで「こんにちは」とローマ字入力する場面における初心者と熟達者の違いを、次のように説明します。

初心者の頭の中では、まずは、ひらがなの「こ」は子音Kと母音Oから構成される（この二つのキーをこの順番で叩く必要がある）ことや各アルファベットの形状等の知識を、意識的に思い出し、さらに、各アルファベットがキーボード上どこに位置するかの検証と、打鍵、打鍵したことによるモニター上の変化の検証、さらに「こ」が表示されたことの確認という具合に、次から次へと知識を動員しながら対処していきます。この非円滑さは、タッチタイピングの練習の最初に誰しも経験のあることだと思います。

しかし少し慣れてくると、前述の一連の流れがある程度のまとまりを持って、一つのルールのような形で遂行できるようになります。さらに慣れてくると、指の一連の動きが一つの「型」として身につき、一瞬のうちに入力を完了するようになるでしょう。ここではわざわざ知識を思い起こすこともなく、一まとまりのスキルとして入力が遂行されるのです。

こうした相違を持つ人々が集い深く対話をする機会が、事業承継における後継者教育です。互いの特徴や相違を知り認め合いながら、ヒューマンエラーとその対策について議論することが、円滑な事業承継を実現する鍵になると言えるでしょう。

3　ヒューマンエラー対策

前述の徒然草の第一〇九段の中で、熟達者は、「思い込み」にはまらず、ヒューマンエラーの要因を見抜いて言語化し、適切なタイミングで若手に伝えていました。いずれもヒューマンエラー対策としてとても大切なことです。ここでは、前述のヒューマンエラーの事例を詳細に検討することにより、具体的なヒューマンエラー対策についての考え方を解説します。

（1）「思い込み」にはまらない

思い込みにはまらないようにするということは、実は、言うは易く行うは難しです。前述のとおり、人の認知的能力ゆえに、困った結果をもたらす「思い込み」が働くことがあります。しかし、何かしらの策を用意しておく必要があることも事実です。特に仕事に熟達した人が何らかの対策を講じる必要があるでしょう。いくつかの具体策を紹介します。

①最悪の状況から考える癖をつける

前述の事例5を振り返ってみましょう。福島第1原子力発電所の復旧に際して、「思い込み」によるヒューマンエラーで放射線被ばくしてしまったという事故でした。このとき、アラームは正常に機能し鳴っていたので、これを正確に理解しなければいけませんでした。特に、この時期は震災と事故発生からまもない時期でしたから、最悪の状況を考える必要性が高かったと言えます。最悪の状況から考える癖をつけておくことができていれば、アラームを正しく解釈することができたでしょう。

②一歩離れて視点を変えてみる

前述の事例6の、スリーマイル島の原子力発電所の事故では、視点を変えて見ることの有効性について述べました。「思い込み」にとらわれないようにするために、普段よりも一歩離れて、視点を変えて見てみることが有効です。特に、何度試してみてもうまくいかないときには、前提を変えてみて理解を試みることが大切です。

(2) 現場の「常識」を言語化する

①なぜ「常識」を言語化するのか

事例1、2は、工具を落としてしまった事例と、食品ラインにヘアピンを落としてしまった事例でした。この二つに共通するのは、大事なものの上から何かが落ちて事故や騒ぎになったということです。さらに言えば、ここで考えるべきことは、下に大事なものがあるときはその上に落下するようなものを置いてはいけないという、現場の「常識」です。

この「常識」は、その職場に慣れている人にとっては当たり前のことで、わざわざ意識しなくても実現できることです。一方、その職場に新しく入ってきた人は、これを常識・マナーとは思えていません。作業中に余裕があるわけではないので、周りの人を見て学ぶということも困難でしょう。

従来は、初心者は先輩の姿を見て自ら学ぶことが重視されてきました。しかし、今日では、仕事環境は複雑化・高度化しています。ですから、ヒューマンエラーに関連する「常識」を、仕事に慣れている人が、まだ慣れていない人に、明示的に示す必要があると考えるのが適切でしょう。このため、現場の「常識」を言語化しておくことが必要なのです。

仕事に慣れている人は当たり前のこととしてやっていることですから、わざわざ言語化するのは難しいものです。しかし、まだ仕事に慣れていない人に伝えるために言語化しておく必要があるのです。

②「常識」を伝えるタイミング

現場の「常識」を言語化した後、それを伝える際に気をつけたいことがいくつかあります。例えば、新しく入ってきた人が「常識」のある行動をとれていなければ、その直後に指摘するのが適切です。時間が経ってから指摘されたのでは、指摘された側は何が問題だったのかを正しく理解できないことがあります。そればかりか、自分はこの職場の人から嫌われているという誤解につながることも起きかねません。時間を置かずに指摘することが、「常識」に気づいてもらう上でとても大切です。

ただし、新しく入ってきた人がメインの作業に精いっぱいで、マナーにまで気が回らなくなっている状態のときには、メインの作業が終わってから指摘をするのが適切です。なぜなら、新しく入ってきた人はメインの作業を遂行することで頭がいっぱいで、急に声をかけられることで気が動転し、メインの作業を失敗してしまうことがあるためです。そのため、横で見て、新しく入ってきた人に気持ちの上で余裕がないことがわかった場合には、途中で声をかけずに、終わったときに声をかけるのがいいでしょう。このように、いつ声をかけるかのタイミングも、実はとても大切なのです。

また、現場に入ってすぐの人に、現場の「常識」について意識させることも大切です。このことはすでに、多くの職場で実現されていると思われます。

(3) 初心者に適切に伝える、質問してもらう

①「分からないことはしない」、「知らないことは聞く」のしつけ

事例3を振り返って見てみましょう。研修医は、患者の痛みに対して「自信はないが、多分これでいいだろう」と考え注射を行ったのでしょう。しかし、この行為やこの研修医自体を問題視するのでは十分ではありません。なぜこの研修医は、病院の医師もいる環境でこのようにしなければいけなかったのか、なぜ医師に質問しなかったのか、など多くの疑問が出てきます。

本当に問題なのは、職場環境だと言えます。「多分これでいいだろう」という作業は絶対にしてはいけません。この職場ではその原則を研修医に徹底できていませんでした。さらに、分からないことは詳しい人に聞かなくてはいけません。その原則も徹底できていませんでした。この原則を徹底するようにしつけることがとても大切なのです。

これに加えて、作業をする人が質問しやすい雰囲気を普段からつくっておくことも大切です。組織やチームの風土や雰囲気が、個人に及ぼす影響力の大きさについては、5節で述べます。

②なぜ（Why）を教える教育

事例4は、新任工場長が自分が考えた手順で作業を開始した結果、事故が起こったという事例です。こうした事故が起こる際、多くの新任者は、「こういう工程でやる（How：どのように）」ということは教えられたが、「なぜこういう工程なのか（Why：なぜ）」は知らされていなかったということが少なくないそうです。そのため、作業工程が変えられ、事故が起こるのです。

事故を防ぐために必要なのは、「なぜ（Why）」を教える教育です。「なぜ、この工程なのか」という原理を教えなければなりません。教育する際、一般的に、Howは教えやすいのに対して、Whyを教えるのには一手間かかるものです。しかしこれを抜きにしてしまってはいけません。作業に関わる原理を十分に理解した上で教育にあたる必要があると言えます。

ここまで、初心者に適切に伝えるということと、質問してもらうということについて述べました。この重要性について、吉田兼好も徒然草の中で指摘しています。

能をつかんとする人　徒然草　第一五〇段

能をつかんとする人、「よくせざらんほどは、なまじひに人に知られじ。うちうちよく習ひ得て、さし出でたらんこそ、いと心にくからめ」と常に言ふめれど、かく言ふ人、一芸も習ひ得ることなし。

未だ堅固かたほなるより、上手の中に交りて、毀《そし》り笑はるゝにも恥ぢず、つれなく過ぎて嗜む人、天性、その骨《こつ》なけれども、道になづまず、濫《みだ》りにせずして、年を送れば、堪能の嗜《たしな》まざるよりは、終《つい》に上手の位に至り、徳たけ、人に許されて、双なき名を得る事なり。

天下のものの上手といへども、始めは、不堪の聞えもあり、無下の瑕瑾《かきん》もありき。されども、その人、道の掟正しく、これを重くして、放埒《ほうらつ》せざれば、世の博士《はかせ》にて、万人の師となる事、諸道変るべからず。

［現代語訳］

うまくなる人

芸能を身につけようとして、「うまくできないうちは、人に知られないようにしよう。内緒でよく練習して、うまくなってから人前で見せてやるのがおくゆかしい」という人がいるでしょ。これでいくと、うまくいったためしがないの。

まだ未熟なときから、上手な人の中にまじって、悪口を言われ、笑われても恥じずに平気でおしとおし、熱心に練習する人がいいんですね。生まれつきその道の才能がなくても、なまけず、いい加減な態度でなく、いく年もかけていくと、器用で練習しない人よりずっと上手になって貫録もつき、人々から認められて、ならぶ者のない名声を獲得することになるのである。
天下の名人と言われる人でも、習いたてのときは、下手だとか、ひどすぎるとか言われたんだよ。それでもその人は、芸道のいましめを守り、尊重して、勝手気ままなことをしなかったので、大家になり、人の師ともなりえたのである。これはほかの全ての道でも同じことが言える。

（現代語訳は嵐山氏の訳[1]に一部追記したものである）

徒然草に書かれている芸能の世界では、その時々で変化する環境の中で最適な判断をする能力が非常に大きな役割を持ちます。この能力は、実践知、あるいは暗黙知と呼ばれるものです。そして実践知は、芸能ばかりでなく、あらゆる仕事の中で、非常に大きな役割を果たします。実践知を身につけることと、「上手な人の中にまじって、悪口を言われ、笑われても恥じずに平気でおしとおし、熱心に」臨むこと、すなわち、熟達した人にしっかり声をかけてもらうことが、深く関係するのだと吉田兼好は述べているのです。

4　他者のエラーをどのように指摘するか：私を主語にした表現

他者にどのように声をかけるといいか、どのように他者のヒューマンエラーを指摘するといいかについて悩む人は少なくないでしょう。

他者のエラーを指摘する際に使える、良い表現があります。自分を主語にした表現です。

人のエラーを指摘する際、「あなたは間違っている」、「なぜ、そんなことをするのか」と声をかけることが少なくありません。これは「あなた」を主語にした表現であり、実は、言われた側は自分の人格を否定されたと感じるなどして、指摘を受け入れにくいのです。

一方、「(見たところ) 私は～と感じる」、「私の印象では～」という声かけは、自分を主語にした表現です。指摘された側は、指摘をより受け入れやすいのです[4]。指摘された側は「言われてみればそうかもしれない」と新しい視点で自らを見直すことができるのかもしれません。

自分を主語にした表現は、他者をほめるときにも有効です。人をほめることで職場の雰囲気が良くなると言われています。ただし、ほめる際の表現にも一工夫が必要です。このときにも、「私は○○さんと一緒に仕事ができて嬉しいです」、「○○さんに教えていただいて、初めて分かりました」等、私を主語にした表現が有効に働きます。

5　組織の風土・トップの意識

(1) 集団の雰囲気と個人の態度

最後に、組織の風土とトップの意識について考察します。組織の風土とトップの意識が、ヒューマンエラー発生に深く影響するためです。

まず、仕事に対する個人の態度は、集団の風土や雰囲気によって変わります。

ある縫製工場の事例を見てみましょう。この縫製工場は、各人1時間あたりの生産高の目標を60と設定していました。しかし、インフォーマルに構成された女子工員（女工）の集団は、1時間あたりの生産高を、公式目標を下回る50と設定しました。そうした中、1人の女工はインフォーマル集団の目標は無視して本来の目標を目指して作業をしていたのですが、それに気づいたインフォーマル集団がその女工を非難し始めました。すると、その女工もインフォーマル集団の設定する目標にあわせて作業をするようになりました。

ところが、少し経った後、会社側はその女工に単独で仕事をさせるようにしました。結果、その女工の生産高は急激に伸び、公式目標の１・５倍に達したのです。

このように、仕事に対する個人の態度は、周りの人の雰囲気や組織の風土に非常に影響を受けやすいのです。だからこそ、組織やチームの雰囲気づくりにも気を遣う必要があるのです。また、組織の良い風土が一度損なわれてしまうと、盛り返すのは大変です。普段から良い風土を保つ心がけが必要です。

(2) トップの意識と組織の風土

事業のトップの意識は、組織の風土に、直接的・間接的に影響を及ぼします。

ある食肉会社は、トップの意識のまずさが原因となり大きな事件になりました。２００７年には、産地偽装、食材そのものの偽装、賞味期限表示の偽装などが次々と明らかにされました。偽装について、当初社長は、工場長が勝手にやったことであり自分は知らないと主張していましたが、4回目の記者会見において、息子である取締役に促され、自分が指示したことをようやく証言したのです。会見の様子から、日頃から、社長の指示に対して工場長が反論しにくい状況であったことが推測されます。また、社長と社員の間の話し合いがうまくできていなかった可能性も推測されます。

また、ある料亭では、賞味期限切れや産地偽装等の問題が発覚しました。2007年末頃に釈明会見が行われましたが、この会見における女将と、その息子である取締役とのやりとりから、経営陣（トップ）の意識の低さや、経営陣の間のコミュニケーションや意識の共有が日頃からうまくいっていない可能性などが推測されます。というのも、息子である取締役が記者から質問を受けた際、横に着席していた女将が取締役に、何をどのように答えるか小さい声で指示を出し、取締役はそれに従い記者に返答していたためです。指示とは例えば、「頭が真っ白になってた（と答えなさい）」などです。

このようなトップのもとでは、顧客を大事にしようとする気持ちや安全第一とする考えを、持ち続けにくいでしょう。結果、さまざまな不祥事が起こると推測できます。したがって、事業のトップには、良い組織風土を作るという大切な役割があるのです。現在の経営者はそのことをすでに自覚されているでしょうし、後継者にも「自分が、組織風土を作っていく存在になる」ということを認識してもらうことが必要です。

（3）風通しの良い組織

良い組織風土を作るには、まず、トップ自身が安全や品質、顧客や社会、現場のチームを大切に考える必要があると言えます。顧客ばかりでなく、現場で働くチームや社員をも大切に考えるというところが大切なところでしょう。その上で、トップは普段から、自らの意識を現場の人に伝え、また、現場の人が感じ考えていることを肌で感じ取りきちんと知ることが必要でしょう。ここでも、思い込みにはまらないように注意しなければいけません。例えば、「自分が思っているとおりに現場の人も感じ考えているはずである」あるいは「自分は現場の現状をよく知っているはずだ」という思い込みをしがちかもしれません。一度、違った視点から見てみるのがいいかもしれません。

後継者教育に際して、現在の経営者と後継者が、その事業におけるヒューマンエラーとその対策を見直しながら、トップの意識のあり方について深く考察し対話することが、円滑な事業承継を促進することでしょう。

参考文献

1　嵐山光三郎・三木卓（1992）『少年少女古典文学館10　徒然草・方丈記』講談社。

2　小松原明哲（2008）『ヒューマンエラー（第2版）』丸善。

3　Rasmussen, J. (1983) "Skills, rules, knowledge; signals, signs, and symbols, and other distinctions in human performance

models." *IEEE Transactions on Systems, Man and Cybernetics*, 13: 257-266.
4 Gordon, T. (1970) *P. E. T.: Parent effectiveness training*, New York: Wyden.
5 Coch, L. and French, J. R. P., Jr. (1953) Overcoming resistance to change. In D. Cartwright and A. Zander (Eds.) , Group Dynamics. *Evanston, III: Row, Peterson*, London: Tavistock, 1954, 257-279.

Ⅶ 事業承継における人的資源について

追手門学院大学経営学部准教授、博士（経営学） 杤尾 安伸

1 これまでの授業について

事業承継の授業とは、いわゆる経営学の中にある概論の授業とは違い、その目的は事業承継という概念そのものにあります。そのために用途や目的が絞られている授業になります。本章では、この事業承継に関するまとめを述べます。

事業承継とは、その名のとおり事業を受け継ぐこと、そして発展させることだといえます。

この事業承継での大きなポイントは、例えば商品の製造であれば、今後どのような商品を開発して、その商品をどのように発展させていくのかということです。

同時に、資金繰りも重要です。会社を承継していくということは、基本的に前任者の事業を引き

継ぐということなので、例えば前任者が、事業にあたって多額の借金をしていたとなると、事業を受け継いだ人はまず最初に借金を返さなければいけないということになります。さらに、今後どのように資金を集めていくのかということも、重要なポイントになります。

2　後継者を見つけるということ

本章では、最初に後継者に注目します。人的資源管理理論の分野では、事業承継という問題を考えたときに、後継者を見つける作業が重要であると考えます。後継者をどのように見つけて、どのように育てるのか、というところが実は非常に難しいところです。

後継者を見つけるという作業は、今後、会社を運営していく上で大きな問題になります。例えばソフトバンクでは、先日の新聞に出ていたように、アメリカの事業を統括する役員として、Ｇｏｏｇｌｅの重要な事業を運営していた責任者を後継者として引き抜いたとありました。

この人材引き抜きという作業は、実は会社を運営していく上で非常に難しいことなのです。なぜソフトバンクが、アメリカのＧｏｏｇｌｅから責任者を引っ張ってきたのか。これにはいろいろな理由が考えられます。

第一の理由は、会社内において適正な人材がいなかったという可能性です。適正な人材がいないとなると当然、外から見つけてこないといけないわけです。

第二の理由は、専門家が必要になったということです。今回のケースでは、アメリカの事業は、これまでソフトバンクが手がけてきた日本の事業とは様々な点で事業環境が異なります。ソフトバンクは、もともと日本で事業をしていたわけですから、アメリカのことをあまり知りません。従って、アメリカでの事業経験のある専門家を招くという意味で、Ｇｏｏｇｌｅのアメリカ事業を担っていた人材を、後継者として選んだという可能性もあります。

第三の理由は、会社自体が大きくなりすぎたということです。規模が大きくなることによって、社長１人ではとても対応ができない。そこで、誰かに任せようということになり、たまたまその分野で精通した人を選んだということが考えられます。

つまり、今回のようなケースではいろいろな可能性が考えられるのです。しかし、このような話は、大きな会社であればあまり大きな問題とはなりません。問題は小さな会社の場合です。

例えば、日本には４００万社を超える会社があります。大企業は、そのうちの１％もありません。従業員５００人以上が大企業になるか、１０００人以上が大企業になるか、定義によってパーセンテージはもちろん変わっていくわけですが、日本のほとんどの会社は中小企業です。中小企業の定義は、一般的には従業員が３００人未満としています。または、５００人を超す会社を大企業と定義する場合もあります。いずれの場合でも、小さい会社が圧倒的多数なのですが、それらほとんどの会社が実は後継者を選ぶという作業に苦慮しているのです。

3 中小企業における後継者選びの難しさ

後継者を選ぶときに、誰を、どのように選んだらいいのでしょうか。一般的には経営者の息子（親族）が考えられます。中小企業では、経営者の息子が事業を継ぐというのが非常に多いのです。ほかにはどのような選択肢があるかというと、一番弟子です。一番弟子とは、社員の中で一番優れた人材という意味です。

息子と一番弟子以外には外から社長が選ばれるケースもあります。例えば中小企業の場合、他企業から派遣されるケースがあります。これは中小企業に限定されるわけではありませんが、具体的には金融機関から経営者としての社員が派遣される場合などです。会社への融資を担当している銀行の行員が、取引先の新たな経営者として選ばれる場合があるのです。また、これ以外には、親会社から派遣されるケースもあります。

このような派遣のケースというのは、ある意味後継者選びにおいて、あまり苦労せずに済む場合が多いのです。問題は最も一般的に行われる、息子や一番弟子が経営者になった場合です。このような場合、選ばれた息子や一番弟子は、会社の中で一番優れた人材ということになります。しかし経営者になるには、多くの問題があります。

例えば息子が経営者になった場合、どんな問題が考えられるでしょうか。実は、創業社長と息子とでは、基本的に立場が大きく異なります。社長はこれまで様々な苦労を経験してきた人といえます。社長はずっと苦労してきたからこそ、会社のことをよく知っています。しかし、息子となると同じには考えられません。もちろん、息子も同じ会社で働いていて、その結果として社長になっている人は、苦労も経験しています。

例えばトヨタの現在の社長の名前は豊田さんで、トヨタを創業した人の孫にあたる人です。初代の創業者からすると、六代目になるのです。しかも、現在トヨタの経営は非常にうまくいっています。もちろんこのように実力のある人が社長の息子であれば、これは一番良いことです。しかし、多くの中小企業の社長の息子は、親の会社を継ぎたくないと思っていることが多いそうです。

一方、一番弟子の場合は、実力という意味では、その会社において一番仕事ができる人というわけですから、その意味では、信用があるということで、実力に関しては折り紙つきになるわけです。ですが、実は一番弟子の場合は別の問題が考えられるのです。これについては、次に述べます。

4　社長としての正当性

社長が息子に会社を継がせることの良い面は正当性が考えられます。よくあることですが、社長の息子が跡を継ぐと、「あいつ、実力もないくせに、息子だからといって社長になった」と言われます。従って、二代目社長や、三代目社長などの場合、親が立派だとその後を継ぐ息子は親と比べられて大変です。息子であるというだけで社長になった場合には、これはさらに大変です。

しかし、正当性という意味では別の面で、「あいつ、実力はないけど息子だし仕方がない」と社員には思えるのです。社長の息子だから、まあ、仕方がないなと思える側面もないとは言えないのです。つまり、息子が跡を継ぐ場合は社員はある程度納得できるのです。

このように考えると、難しいのは、むしろ一番弟子が跡を継ぐ場合です。一番弟子の場合は、良いとも悪いとも言えないのです。社長は、一番弟子を「あいつは社員の中で実力は一番だから、周りは必ず認めてくれるだろう」と思い、跡を継がせるわけです。「次期社長は実力が一番の社員がなる」これはある意味での正当性となります。

しかし、これには別の問題があります。つまり、これは評価の問題です。一番弟子が社長になるということは、周りから文句を言われることが考えられるのです。つまりほかの社員が納得しない場合もあるということです。なぜなら一番弟子の一番は誰が一番と考えたのかということです。もちろん社員全員から、あの人は素晴らしいという形で選出された場合は、あまり文句も出ないでしょう。しかし、一番弟子が次期社長として選ばれると、ほかの社員から、「何であいつが一番なんだ」ということで文句が出る場合もあるのです。

社長の息子が跡を継ぐ場合、「ここは仕方がない。あいつしかいない」となり、「まあ、実力はそんなにないかもしれないけど仕方ないか」となるのです。

一番弟子の場合は、一番という評価をしたのが社長であって、その一番という評価が誰からも認められている場合は、問題ないわけですが、ほかの社員からあまり認められていない状態で、社長がお気に入りの人材を次の社長にしたような場合、「あいつは実力もないのに社長に気に入られたから社長になった。これはおかしいのではないか」ということを言われる可能性があるのです。

会社というものを考えた場合に、誰を社長にするのかといったならば、社員の中で実力のある人間か、それとも息子にするかの選択が実は非常に難しいわけです。。もちろん、息子が継がないケースの場合は、一番弟子しか選択の余地はないのですが。

5　就職先としてどのような会社を選択すべきか

就職活動をするとき、どの会社がいいだろうかと、最初に見るのは給料です。これは、ある意味で一番直接的な問題ですから、必要なことになります。けれども、それだけでなく、給料以外のところも注目しないといけません。

会社を見るときに重要な点とは、社歴ではないかと思います。他には、株主構成です。具体的には次の通りです。

例えば、その会社の事業内容は、最初にスクリーニングしています。例えば商社なのか、メーカーなのかということを選択します。その次に給料を見て、そこまでで情報収集が終わっていることが多いのです。

もし、その会社にアルバイトとして入るのであればそれはそれでいいかもしれないけれど、社員になる場合は、その会社にどういう歴史があるのか、どういう創業者がいて、その創業者がどのような形で事業を展開してきたのかというところが重要です。そして、現在、誰が社長なのかもです。

株主構成も重要です。会社の株主を見ると、金融機関が株を持っている場合が多いのですが、それ以外に、個人で株を持っている場合も多いのです。そして、誰が株主かを見たときに、名字が全部一緒というケースがあります。これはつまり、同族経営に近い会社ということです。

よく学生が「この会社、社長と会長の名前が一緒。重役の名前も一緒。この会社はやめたほうがいいんじゃないかな」と言うのです。これは自分が絶対社長になりたいと思っている人には、確かに社長になれないケースが多いのでやめた方がいいのかもしれません。今の社長に息子がいて、孫がいたら、これは社長にはなれない。けれども、社長になるつもりはなく、社員として働く場所であれば、必ずしも息子が社長になっているというのは悪い会社ではないのです。なぜかというと、社長になれなくても、その会社が安定していれば、働く場としてはいい会社だといえるからです。

一方で、一番弟子が社長になる、つまり実力次第で社員の誰にでも社長になれる可能性があるというのは、とても難しいことです。誰をどのように評価するのかは、どうしても恣意的にならざるを得ないからです。例えばA君を見たときに、「彼は優秀だ」と言う人もいれば、「彼は優秀だけど、ここはマイナスだよ」と言う人もいて、「彼は全然駄目だな」という見方もあるかもしれません。

人の見方というのは、ある意味、多面的なのです。絶対的な評価なんてないのです。例えば小学生に対しても先生の好きか嫌いかはあります。この好き嫌いの原因が評価に関連しているとなるとよくわかる気がしませんか。「あの子は先生に気に入られているから評価が高いだけ」と思うことがありますよね。これは先生が嫌われる要因にもなりますが。

中学、高校と学年があがってくると、だんだん客観的に点数をどれだけ取っていたかで先生は評価をします。例えば数学が90点だったら、評価が高い。だけど50点なら評価が低い。この点数を基準に自分の評価に反映されると、わかりやすく納得できます。しかし、会社の場合の評価は、とても難しいのです、誰をどう評価すればいいのか。

よく言われることですが、営業という仕事は、評価が比較的客観的に出やすい仕事です。このような仕事の場合は、営業マンの中からトップの売上げをあげたのは誰かということで、営業成績で評価できます。また、このような評価の場合には、多くの人が納得します。

しかし、営業以外にも会社にはたくさんの種類の仕事があります。営業だけじゃないのです。例えば経理の仕事や、人事の仕事です。経理や人事の仕事の評価方法を考えたときに、「あの人事、あの経理、すごい」という評価は難しいものです。

例えば経理の仕事の場合、この人は絶対に数字の入力間違いをしないから評価が高い。これは現代ではあまり関係ないのです。電卓で経理をしていた時代は、それはあるかもしれません。しかし、現代では、ある程度ソフトさえ入れればわりと簡単にできるのです。ある意味、誰でもできるといえるのではないでしょうか。

人事の仕事もそうです。人事の場合、誰が一番の人事担当者か。これも評価が難しいといえるでしょう。なぜかというと、ある人事担当者が高評価した人が、その後すごく成長したとすれば、その評価をした人事担当者は一部ではすごく評価されるかもしれません。でも、このことだけをもって、会社全体のほかの社員が同じように評価をするかとなると、難しいものです。この人事担当者が本当に優れているか、客観的に社員全員のコンセンサスを得ることは、相当難しいわけです。

これが、つまり社員の中から「実力評価」で社長を選ぶということの問題であるわけです。評価の問題がこじれると、何が起こるかというと、派閥争いです。

よく、テレビドラマにあります。専務派と常務派が争い、「おまえはどちら側につくのか」のようなことです。あれは現実にある話かもしれません。人というのは3人いれば、必ずグループが二つに分かれます。3人いると、A君1人と、その他2人に分かれるケースが多いのです。5人いたらさらに複雑です。

10人の会社になると、それこそ、もっとドロドロとします。10人いれば話をしやすいという側面もあるかもしれませんが、一度こじれてしまうと会社自体がダメになる場合も考えられるのです。こうなった場合には、会社の事業自体はうまくいっていても、後継者争いで会社がおかしくなるということは結構あるのです。そうなると、仕事とは全然違うところでメチャクチャになってしまいます。

結論として、社長の息子が跡を継ぐような会社は当然社員になったみなさんが将来社長になる可能性は限りなく低くなります。一方で、社員の中での一番弟子が社長になる会社はみなさんにも将来社長になる可能性があります。どちらを選択すべきでしょうか。これはなかなか悩ましいですね。

従って、同族会社は入社すべきではない、というようなことをいう人がいるのですが、これは同族ということだけでは判断できない、もっと様々な情報を集める必要があるということです。同族企業にもデメリットはありますが、メリットもあるということをわかった上で、「では、その会社がどういう会社なのか、どういう形で今まで社歴を重ねてきたのか」、というところから判断すべきです。

特に、中小企業という場合は、社長になる人がどのような人なのか、誰が誰をどのように評価して誰を社長にするかというのは、実は非常に重要なことなのだということをよく覚えておいてください。

6　中小企業におけるリーダーの役割

最初の方で述べたように、事業を承継して、なおかつ、会社を発展させていくために重要なのはリーダーの存在ということです。リーダーとはどのようにあるべきかいうことが中小企業においては重要です。

大きい会社であれば社長が何年かに一度入れ替わることがあるのですが、このような場合、ある程度の実力があれば社長としてやれることだって多いのです。

しかし、いわゆる小さな会社、中小企業というレベルになると、リーダーがどういう行動をするかによって、その会社の経営そのものが揺らぐこともあるのです。従って、このリーダーの、どういう仕事が重要なのかということを、ここで述べましょう。リーダーに必要な仕事というのは三つあります。

7　リーダーに必要な三つの仕事

第一は、「仕事の遂行」ということです。「仕事の遂行」とは難しいことではなく、簡単に言えば、社員にきちんと仕事をさせるということです。つまり、部下である社員に、現在目の前にある仕事をきちんとさせる。実はこれが重要なのです。

当たり前と思うかもしれませんが、この当たり前のことができないことが結構あるのです。会社でもめごとが発生するような場合や、人間関係が非常に悪化している場合にリーダーは、このような仕事環境の悪化を防ぐ必要があります。仕事環境が悪化すれば、社員は仕事がしたくてもできなくなるのです。つまり、リーダーが仕事環境の悪化を防ぐことで、社員は仕事を遂行できるのです。会社を辞める理由の半分近くは人間関係であるのはご存知ですか。給料が安いから辞めるという人ももちろんいますが、実はそれほど多くありません。むしろ人間関係で辞めることが多いのです。ですから人間関係というのは非常に重要です。

アルバイトならば、バイト先の人ともめたら辞めて次のバイトに行けばいいでしょう。けれども、就職した会社を辞めるとなると、いろいろな意味で勇気が必要になります。また改めて就職活動をする必要があります。二度目の就活というのは、転職となりますからハードルが大変高くなります。ですから、社員の場合には人間関係が特に重要なのです。この人間関係というものが意外に悩ましいものです。

社長をはじめとした会社のリーダーは、このような人間関係のことで社員が悩まなくてもいいように、きちんと気を配らなくてはなりません。同時に、きちんと仕事をしてもらうために職場で生じるような問題を、できるだけ取り除くような環境に社員を置いてあげるということが、実は非常に重要なのですね。当たり前のことですが、この当たり前のことをするというのが非常に難しいわけです。ですから、この「仕事の遂行」というのは、リーダーがするべき第一の仕事です。

もちろん、これ以外にも仕事の遂行の上で、いろいろな役割が必要とされます。社長自身が会社のことが心配で仕事が手につかないということもあります。または、雇用環境があまりにもひどくて、仕事をしようにも、とてもじゃないけど体がついていかないところもあります。いわゆるブラック企業と言われるところは、そのような環境ではないでしょうか。社員にきちんと仕事をしてもらうためには、社員に元気で働きやすい環境を提供するということが、リーダーの「仕事の遂行」という仕事に求められるのです。

第二にリーダーに求められる仕事は、「集団を維持する」ということです。会社というものを考えた場合、社員に仕事をしてもらうということはもちろん当たり前のことですが、それ以外に、実は、この「集団の維持」が重要なのです。

理由は、社員一人一人の顔が見やすいからです。一人一人の顔を見て仕事をすると、いろいろなことが見えてくるのです。人間関係というのは、いろいろなことが必要とされます。企業規模が大きければ、社長までの間に部長や課長がいて、それぞれがそれぞれの役割の中で、何か問題があった場合には解決できるのです。いちいち社員のことについて社長が出てくることは、まずありません。しかし、小さな会社の場合は、人間関係というのが直接的ですから、どうしても、社員一人一人の問題に社長みずからが介入せざるを得ないのです。

もし社員の中に、社長である自分の言ったことに従わない反抗的な社員がいたり、または、やる気もあり能力もあるけれど、和を乱すような人がいる場合、小さな会社であればあるほど、その影響は大きくなります。人数が少ないため、他の人に与える影響は大きなものです。

ですから、第一に指摘した、「仕事を遂行する」ということと非常に近いことなのですが、「仕事を遂行させること」と「集団を維持すること」は非常に似ていて、会社で何か問題があったり、社員の中にそれぞれ不満があった場合は、注意深く対応しなくてはいけません。

筆者が思うのは、就職を考えたときに、大企業がいいか中小企業がいいか、よく考えなければならないということです。大企業は安定しているようですが必ずしもずっと安定しているとは言えません。大企業でもつぶれることがあります。就職する場として考えた場合には、中小企業とは、自分の意志が会社の経営に反映させることができるという意味では、働く場としては十分いい環境にあると言えるわけで、大企業だからいいとは限らないのです。一方で、中小企業であれば、「仕事の遂行」や「集団の維持」ができる社長かどうか、この難しい判断も必要になります。

最後に、リーダーに必要な役割は、「仕事と集団の変革」ということです。第一の「仕事の遂行」

と、第二の「集団の維持」に関しては、ある意味で同じようなことです。従って、ここで示すリーダーの第三の仕事としての「仕事と集団の変革」は、一番重要かもしれません。

大企業の場合、基本的には社長というのは安定しているときに限っては誰がやっても、あまり変わらないのではないでしょうか。ある一定水準まで業績が伸びていれば社長の個人の力というのは、あまり関係ないのです。しかし、会社環境が安定していない状況のときには、社長には「仕事と集団の変革」が求められます。不安定な環境下では、仕事も社員もこれまでと同じことをしていたら駄目なのです。こういうときは「仕事と集団の変革」が必要になり、このような仕事は誰にでもできるわけではありません。真に実力のある社長でなければ「仕事と集団の変革」はできないのです。既に述べたようにこの場合、小さな会社では社長による影響が大きいのです。リーダーの仕事としての「仕事と集団の変革」という意味において、特に重要になるのです。

例えば、リーマンショックで金融不況が起こり、日本でも大企業を含め多くの会社が倒産して失業者が出るような事態になりました。多くの企業でも業績が悪くなる中、中小企業でもその影響も受けずにやっている会社もあるのです。

そういう会社は社長自身が、リスクをきちんと予見をして、備えているということです。つまり、リーダーとしての「仕事と集団の変革」という仕事をきちんとこなしているということになります。中小企業であれば、リスクに備えていないと倒産することが多いでしょう。大企業ならある程度資金に余裕がありますから、中小企業と比較しても影響は少なく、会社が潰れるというほどにはならないかもしれません。しかし、小さい会社の場合は、取引先との関係が事業の多くを占める場合であったなら、会社は倒産することになるでしょう。

従って、特に中小企業の社長の場合には、リーダーに求められる仕事として、この「仕事と集団の変革」に邁進していなければなりません。何か問題が起きたときに、すぐその問題に対処できるということです。この役割を担えないと中小企業の社長は失格なのです。ですから、この三つ、特に事業承継というものを考えた場合に、リーダーの「仕事の遂行」と、「集団の維持」と、「仕事と集団の変革」が、非常に重要な仕事と言えます。

8　まとめ

事業承継というのは、誰にどのように事業を承継させるのか。後継者を見つけて、どのように育てるのかという視点から、人材の問題が非常に重要になります。事業承継における人材の問題を考えた場合には、リーダーとしての三つの仕事が重要になるということです。

さらに加えれば、誰が社長になるかということで、次に社長になる人が息子なのか、社員の中の実力者を選ぶのか。それぞれには、良い面もあれば悪い面もあるということを、よく理解してもらいたいと思います。また、就職活動のときには、このことを判断しながら会社選びに役立ててもらいたいと思います。

Ⅷ

中小企業と意思決定

追手門学院大学経営学部教授、博士（経済学）　坂上 佳隆

1　はじめに

中小企業の経営者にとって意思決定は大事なことです。特にここで考えるのは「不確実性のもとでの意思決定」です。「意思決定」とは「どうしたらよいか」という状態から脱却し、行動を決めることで、英語では「decision making」と言います。「不確実性」というのは、将来どうなるか分からない状態のことです。

具体的な例で言うと、新製品・新商品を、来年、販売するかどうか。その場合、現在では、来年の景気が良くなるのか、悪くなるのかは分かりませんが、それにより新商品・新製品の売れ行きが左右されます。景気が良ければ、恐らく売れるだろうという予測ができます。しかし、景気が悪く

なれば、売れ行きは悪くなるでしょう。この状態でどうするか決めなければなりません。もう少し身近な例で言うと、来週、ハイキングに行くか、それとも映画に行くか。その場合も、来週の天候ははっきりと分かりません。晴れているのに映画に行くのは少しもったいない。しかし、雨が降ったときにハイキングに行くのも少しつらい。この場合の不確実性は天候で、これは現時点では分かりません。しかし、分からない状態で決めなければなりません。これはどんな場合でもそうだと思います。

就職の場合でも、就職先をどうするのかをあらかじめ決めなければなりません。そういう意味では、多くのことがこのように「不確実性のもとでの意思決定」の範疇に入ります。

中小企業の経営者もそういう意味では意思決定者です。意思決定者としての意思決定の仕方を一般的に見てみようというのがここでのテーマで、「不確実性のもとでの意思決定」と言われる研究領域を本章では検討します。

必要な道具としては統計学が挙げられます。景気や天候がはっきり分からない場合、普通は情報収集をします。例えば、天気であれば天気予報を見る。もっと古風なやり方では、占い師に聞くなど、いろいろなやり方があります。収集されたデータの分析を科学的に行うのが統計学です。

統計学的な点に焦点を絞ると、データ解析の進歩はコンピューターの発達があって初めて可能となりました。これは、統計学とコンピューターがお互いに刺激し合ってきたところがあります。コンピューターも、初期のころは処理能力が非常に小さく、大量のデータや高度な情報処理はなかなかできませんでした。ところが、最近では「ビッグデータ」などと言いますが、コンピューターが発達し、かなりの規模のデータを瞬時にして処理できるようになりました。そういう点では、コンピューターの発達がデータ処理に対して良い影響を与え、いろいろなデータの解析の手法が開発されてきました。

配布資料に書かれている「多変量解析」には、「主成分分析」や「因子分析」、「判別分析」などがあり、基本的なものでは「回帰分析」があります。

統計学の目的は意思決定のための情報を提供することです。この情報に基づいて、いかに合理的に意思決定するか、どうすべきか（should）、どうしたら一番よいか、ということに対する考察が重要となります。

以下では、「不確実性」を皆目見当がつかない場合（2節・3節）とある程度分かっている場合（4節）とに分け、その各々の場合での意思決定の仕方について検討していきます。後者の場合には「不確実性」のかわりに「リスク」という用語が使われます。

2　不確実性のもとでの意思決定

「不確実性」は英語で「uncertainty」と言いますが、「certain」は「確かな」という意味で、「un」、「in」などが付くと否定になるので、「uncertain」は「不確実な」という意味になり、その名詞形が「uncertainty」となります。少し難しい英語かと思いますが、ここでは自然の状態についての知識が全くない場合、皆目見当が付かないということを表しています。「大自然」のことではなく、景気の動向や天候などを含めた一般的な状態です。今は情報化社会なので「全然分からない」ということはありませんが、意思決定の原点としてまず考えることが「全然分からない」ということです。昔で言えば、「火星に、火星人がいるかどうか全然分からない」という状態を考えます。

　または、何か少し分かっている状態。天気で言うと天気予報の降水確率はある程度「何％」と出てきます。景気の動向もいろいろな現状から、ある程度の可能性が分かります。そういう場合の「不確かさ」を「リスク」と言います。「リスク」という場合は、自然の状態に対してある程度可能性が分かっています。例えば、「景気がよくなる確率０・６」、「景気が悪くなる確率０・４」など、景気は確率を使って表しますが、天気予報でも、降水確率がある程度分かっている状態を考えるのが「リスク」です。

　最初に考えることが、「全然分からない」という意味の「uncertainty」の場合です。「自然の状態は「よくなる、よくならない」、「雨が降る、降らない」というように、「s_1、s_2」という二つがあり、選択可能な代替案や行動も「a_1、a_2」の二つが存在すると考えます。

　一番単純なケース、行動が一つだけの場合は選択の余地がなく、それをしなければならない場合は、ある意味では楽なことです。二つある場合にどちらを選ぶのか、例えば新商品を「販売する、販売しない」は、「ピクニックに行く、映画に行く」というように、どちらかを選ばなければいけない場合は、少し悩ましいところがありますが、それが一番基本の形となります。

ここで、「s」というのは「state」の頭文字で、「状態」という意味で、二つあるので「s_1、s_2」となります。「states」で「幾つかの状態」という複数を表します。

また、「行動」は自分が取り得る選択肢で、英語で「action」と言います。「代替案」は英語で「alternative」と言い、複数になると「alternatives」となり、どちらも先頭に「a」が付きます。

これが複数存在しますが、一番簡単な場合が二つなので「a_1、a_2」とします。

最初に、「状態が s_j のときに a_i を選択したときのペイオフC_{ij}」を検討します。例えば、a_1 が「新商品を販売する」、a_2 が「新商品を販売しない」。また、「景気が良い」、「景気が悪い」。これは数値では表しにくいのですが、そのときの「ペイオフ」というのは「利得」のようなもので、金銭と考えていただいても結構です。販売をしたとき、景気が悪かったときに、いろいろと準備のコストなどがかかり、全体として損が出た場合はマイナスでも構いません。「利得」と言うと、いい方ばかりのような気がしますが、悪い場合もあります。

そういう数値（円やドル）が分かっている場合で、a_1 と a_2 のどちらを選ぶかということです。自然の状態がどうなるか分からないという状況で、どうすればいいのか、幾つか基準があります。代替案の選択基準として知られているものに、「ラプラスの基準」、「ハービッツの基準」、「マキシミン基準（ワルドの基準）」、「ミニマックス基準（サヴェジの基準）」など、いろいろな基準があります。どの基準にも一長一短があり、次にいくつかについて簡単に説明をします。

いちがいに「どれが良い、悪い」とは言えず、「このような基準に従えば、こういう行動を選択することになる」ということです。

「ラプラスの基準」ですが、「ラプラス」は昔の数学者で、この人が考えたので「ラプラスの基準」と言います。例えば、どの状態が起こるのか全然分からないためどうするのかというと、分からないので民主主義、ドングリの背比べ的に「景気が良くなる確率」が2分の1、「景気が悪くなる確率」が2分の1と考えます。

「期待値」とは、確率と、そのときに得られる金額をかけて寄せ集めたものです。例えばs_1のときにC_{11}、s_2のときにC_{12}で、これが2分の1と2分の1なので、「$1/2C_{11}+1/2C_{12}$」です。これは単に単純平均で、一般的に「期待値」と言います。これの大きい方を与える代替案を選ぶのが「ラプラスの基準」です。

考え方としては、「分からないので、同じ確率を割り当てれば間違いがないだろう」ということです。三つ状態があれば、全部等しいのは3分の1、四つ状態があれば4分の1となります。全部を足して、状態の数で割ります。単純ですがこれだけで人の名前が付いています。「マキシミン基準」は、どの状態が起こるか分からないので各行動のもとでの最悪の結果を考えます。その最悪の結果の中で、「最大」を、即ち、一番良い方を選択するものです。一番悪いの状態を考えてその中で一番良い金額、利得を与える行動、代替案を選択するということです。

例えば、具体的に数値でやってみましょう。a_1、a_2、s_1、s_2という、何でも二つ、二つという単純なケースです。そのときの利得として$C_{11}=1$、$C_{12}=3$、$C_{21}=2$、$C_{22}=4$とします。単位は「万円」でも、「百ドル」でも構いません。

問題は、今の「マキシミン基準」で、a_1とa_2のどちらを選ぶかということです。この通りやっていけば、a_1という行動をとったときの最悪の結果は1となります。3もらえる方がうれしいので、最悪の結果というのは1となります。そして、a_2の場合の最悪の結果は小さい方となり2となります。そのときの一番良い方は2になります。ですから、この大きい方を与える行動、a_2を選択します。その結果、この場合は「マキシミン基準によれば、a_2を選ぶべきである」ということになります。

「マキシミン（maximin）基準」とは、「maximum（最大）」と「minimum（最小）」を合わせたもので、「最小の中の最大」という意味です。最悪の状態を考え、その中で一番良い方を選ぶ結果を与える戦略、行動を選ぶということで、少し悲観主義的な選択基準となります。

その他の意思決定の方法としては「ハービッツの基準」、「ミニマックス基準」などがあります

特に面白いのは「ミニマックス基準」です。「マキシミン基準」は対象が利得なので「マキシミン」ですが、これは対象が後悔なので「ミニマックス」になっており、考え方は同じなのです。「ああ、しまった。こんなことなら、こうしておけばよかった」ということは、よくあると思います。例えば、授業でもそうですが、試験を受けて最終結果が60点より下で、「ああ、しまった。こんなことなら、もう少し勉強をしておけばよかった」という後悔です。この大きさを考えて、一番良い

とき、良い結果との差、即ち、失望の程度、落胆度に対して、先ほどの「マキシミン基準」を適用して選びます。「ああ、しまった」という落胆度をベースにして、先ほどの「マキシミン基準」と同じ考え方で行動を選択する方法です。

3　各選択基準の比較

重要な決定になればなるほど慎重にならざるを得ないという意味で、どちらかというと危険回避型の意思決定者を念頭に置いてこういう議論が進められているのが実情です。石橋をたたいて渡る人以外に、「えいやあ。とにかくやってみよう。石橋を渡る途中で、落ちてもいい」と強気の人もいます。いろいろな考え方があるので、その考え方に基づいて、いろいろな基準があって当然なのです。「今の幾つかの基準の中で、どれがよいか」ということを考える議論もありますが、一長一短があるので、いろいろな前提条件、幾何学でいう公理を満たしているものはなかなか存在しません。

例えば、「行の追加」について検討しましょう。「行」というのは「横」で、今は a_1、a_2 という二つの行動だけを考えていますが、もう一つ a_3 を追加しても、最初の二つの行動の間の選好順序、どちらがよいかという順序は、影響を受けないということですが、これは常に成り立つと考えられます。しかし、必ずしもそうはならないものが今の幾つかの基準の中にあり、例えば、「ミニマックス基準」は行の追加の公理を満たさないということです。

ユークリッド幾何学では、「異なる2点を通る直線は、1本だけである」というような幾つかの公理からスタートして、いろいろな性質が導かれています。これは真とも偽とも言えませんが、『誰が考えても、妥当である』という前提を、必ずしも満たしていない」という話です。

例えば、今の場合では、「ミニマックス基準」に基づけば、a_1の方がa_2より良いという人が、もう一つ行動を追加した場合に、逆にa_2がa_1より良くなることもあり得ます。以上が、「全く見当が付かない（不確実性）」という状況での意思決定で、「不確実性」を、「全く分からない」と捉えた場合の意思決定です。

4　リスクのもとでの意思決定

ここでは、景気が良くなる・悪くなる、天候がどうなるかということは、過去のデータなどいろいろなものを調べた情報収集の結果、ある程度、可能性が分かっている場合について考えます。特に情報化社会ではこういう状況の方が現実には多いので、実際に大事なことは「リスクのもとでの意思決定」だと思います。

では、単純な場合について考えてみましょう。例えば、s_1の起こる確率をp（s_1）、s_2の起こる確率をp（s_2）とします。景気が良い・悪いでもよいのですが、そこには数値は入れていません。s_1の起こる確率、s_2の起こる確率はそれぞれ分かっています。「ラプラスの基準」のときに2分の1と2分の1とする場合は、各状態の起こる確率は分からないけれども、こういうように考えるということでしたが、ここで2分の1と2分の1とする場合は、最初から分かっています。

ここでの単純な場合どうするかというと、普通の考え方は前に言いました「期待ペイオフ（期待値）」を使います。「各代替案のもとでの期待ペイオフを求め、それが大きい方の代替案を選択すべきである」という期待ペイオフ基準が、最初に考えられました。

現実に、企業で決定をする場合は利得をベースにしますが、それがどうなるか分からないので、少し科学的に考える場合に「期待ペイオフ」、「期待金額」を考え、その大きい方の期待値を与える行動・代替案を選択することが普通です。もっと一般的に言えば、過去の経験から「えいやあ」と決めてしまいますが、少し合理的に決める場合に、普通考えられるのが「期待ペイオフ」、「期待利得」の大きい方を選択する方法です。

先ほど、ここに1、3、2、4と書きましたが、例えば、$p(s_1)$が0・75、$p(s_2)$が0・25とすると、この場合の期待値はどうなるでしょうか。a_1の場合「3/4×1+1/4×3=3/2」となります。非常に単純ですが、確率を加重と考えて、かけて足すだけです。これはa_1をとったときの期待利得です。

一方、a_2の場合は「3/4×2+1/4×4=5/2」で、こちらの方が大きくなります。ということは、先ほどと同じ結果になりましたが、「a_2を選択すべきである」という結論です。大きい方を選びます。ただ、どれが起こるか分からないので、期待値で考えようという発想です。

なぜ、期待値という考え方が生じたかということは、「確率とは、どんなものか」を考えればすぐ分かります。例えば、サイコロを振って1の目が出る確率は普通は6分の1ですが、これは「同じサイコロを１２００回ぐらい投げると、２００回ぐらいは1の目が出る」ということです。ですから、期待値というのは、同じケースの行動を、例えば１２００回など、何回もやったときの平均利得額になります。全部、そのときごとに利得が生じる場合、何回もやったときの合計を1回あたりに直したものが、「期待値」と考えられます。このようにある程度意味がありますが、それを議論すると確率の話をきちんとやらなくてはいけません。今はそれをやらずにやっているので、ある程度分かっていただければ結構です。

ですから、「リスクのもとでの意思決定」という場合は、確率は分かっているので期待値で考えます。普通はそれでいいのですが、何でも学問というものはあれやこれやと考えます。配布資料に「ところが、期待ペイオフ基準を適用するとおかしな結論になることもある」とありますが、これは少し具合の悪い点があるということです。

その例が「セントペテルスブルグのパラドックス」で、この分野ではよく知られた例です。「セント」は「saint（聖）」、「ペテルスブルグ」というのはロシアの都市で、レニングラードの昔の名前です。「パラドックス」は聞いたことがあると思いますが、「逆説」という意味で、「一見正しそうで、よく考えると少しおかしい説」といったようなものです。

例えば、コインを何回か投げたときに、いつ表が出るかは分かりませんが、3回目で初めて表が出ると「2^3円」、すなわち、8円もらえるというようなゲームを考えます。確率は低いですがなかなか表が出ず、10回目に初めて表が出ると、「2^{10}円」もらえます。ただし、この賭けに参加するには参加料が必要です。例えば、参加料が1000円とします。こういう賭け事に参加しますか。

普通に投げれば、大体、2回目か3回目で表が出るので、直感的に考えて、誰も参加しないと思います。せいぜい10円、3回目で8円もらえるのですが、1000円も払ってそんな賭け事には参加しません。

ところで不確実性のある場合は、はっきりしないので、先に言ったように期待値で考えます。

1回目、2回目、裏、表。確率で言うと、裏が出る確率は2分の1、表も2分の1です。裏が出て表が出る確率は、かけたものとなります。裏・表、裏・裏、表・裏、表・表と4通りあり、そのうちの一つで4分の1と考えても結構です。同じように見ていくと、10回目であれば2分の1の10乗となり、これらの確率にそのとき得られる利得をかけて合計すれば期待値が出ます。いくらになるでしょうか。これは延々と続き、確率は非常に小さいのですが、100回目もあります。ところで「$2\times1/2=1$」、$2^2\times(1/2)^2=1$」になります。実はどれを見ても1になるのです。ここがみそです。

これらを全部寄せ集めると、どんどんどん大きくなっていき、1を無限に足すので計算できません。これは数学的には「∞（無限大）」円と表します。1億円よりも大きく、1兆円よりも大きいということです。1000円は1億円よりはるかに小さいので直感的に考えて、1000円払っても期待値は無限大なので、「参加すべきである」という結論になりそうです。

ところが、現実には2回目か3回目で表が出てしまうので、誰もそんなことをする人はいません。

そこが「パラドックス」と言われる由縁です。舌足らずな説明しかできませんが、インターネットで検索すればたくさんヒットすると思います。キーワード「ペテルスブルグ　パラドックス」でYahoo! やGoogleで検索すれば、「セントペテルスブルグのパラドックス」が見つかると思います。

これは非常に有名な例ですが、学問としては、「では、どうしたらいいのか」という話が出てきます。現実としては期待値でやっていますが、学問的には少し問題があります。

そこで、どうしているかというと「ペイオフ」の代わりに、例えば、中小企業者や中小企業経営者の満足度を考え、それをベースにして満足度、「ユーティリティ（効用：utility）」の期待値を考えます。そして期待利得最大化というよりは、期待効用最大化という考え方で行い、それを最大にする選択肢を選ぶべきであるということです。これが今の意思決定の分野での主流な考え方となっています。いろいろな研究は基本的にこれに基づいています。「ユーティリティ」という言葉はあまり聞かないと思いますが、金額、利得を、オブラートで包んだようなものです。

簡単に言うと、資産1万円を持っている人と資産1千万円を持っている人にとって、1万円もらえることのうれしさは全然違います。1万円しかない人にとっては、1万円もらえることは非常にうれしく、満足度が高いのです。しかし、1千万円持っている人にとって、1万円をもらえるということは、それほどうれしいものではありません。例えば、電車に乗るときに、10円足りない場合、その人にとって10円のありがたさは大きいのです。

その人の置かれている状況により、同じ金銭や利得、損失でも、そこから得られる満足度、不満足度には違いがあります。個々の意思決定者の効用という訳の分からないようなものを取り入れ、それの期待値を最大にします。

誰が考えても正しそうな前提から、「こういうやり方が、ベストである」という結論が得られます。幾何学で言う「公理」にあたります。幾つかの前提を認めれば、必然的に「期待効用を最大にする行動が、ベストである」、「そうすべきである」という結論が得られます。その前提は誰が考えても明らかそうに見えます。これについては説明しません。

そういう結論があるので、先ほど言ったように意思決定の分野の研究では、「期待効用最大化」が主流となっています。しかし、前提はあくまでも前提なので、「正しい」とも「正しくない」とも言えません。もし、それにけちを付けるとどうなるかということをいろいろと考えると、この期待効用以外のやり方が出てきます。そのような研究もされています。

ところで、1千万円に対する満足度といったものを効用関数という形で表現しますが、その形により、意思決定者の悲観主義的な場合、強気の場合を区別して表現しています。すなわち、意思決定者のリスクに対する態度の違いは効用関数の形の違いによって表現されます。

例えば、「効用関数が凹型の場合には、危険回避であり、凸型の場合は危険愛好型である」といった具合です。「凹型」、「凸型」というのは、聞いたことがあると思いますが、下から見てへこんでいるのが凹型です。どちらから見るかによりますが、普通、凹凸は下から見ます。これで意思決定者の「悲観主義か楽観主義か」、「強気か弱気か」という、リスクに対する態度の違いが表現できるのです。こういう形で、意思決定者の状態の違いを表現しています。

保険に入ることは「安全主義」で、ギャンブルをすることは「危険愛好型」と言えますが、通常、分析は凹型を前提として行っており、重要な決定になればなるほど、慎重にならざるを得ません。そのことから、いろいろな研究の主流は、凹型の人を対象に考えられています。

ここでも前と同様、「けちを付けるやり方」があります。「これらの前提（公準）の一部を認めない場合（非線形的立場）」です。「非線形」は難しい言葉で、分からないと思います。「期待効用」というのは「線形」です。効用と確率をかけて足し合わせることは「線形」の演算です。そのような単純なやり方ではない立場が、「非線形」ということです。

こちらの方は複雑で、先ほどのように簡単にはいかないと思います。せっかく一段落したかと思ったら、先ほどの前提（公準）にけちを付けて、それが成り立たないとするならどうなるかということなのです。

実際に、その例で有名なものが「アレのパラドックス」です。このように具体例で文句を言うというか、「こういう例は、どうするのか」ということが、割とあります。先ほどのパラドックスもそうですが、具体例を考案しているので、時間をかけて考えれば、考え付かないこともないかと思いますが、簡単なことほど思い付くことは難しいのです。いったん出てきたものを見ると「単純な話だ」と言えますが、そういうことを見付けることは、何でも難しいと思います。コメントは簡単にできますが、もとをつくることは難しいのです。

「アレ」は人名で、「Allais」と書きます。「意思決定論」という授業を担当しており、そのときのテキストに書かれている例を用いて説明します。これはどういう批判かというと、実際には、人間は「どちらを選びますか」と言われたときに、「誰でも『こうやります』」という例をつくっておき、それが「期待効用のやり方と、矛盾している」という持っていき方です。期待効用は「こうすべきである（should）」というやり方ですが、アレのパラドックスの持っていき方は、「かなりの人は、そのとおりに従っていない」、「こういう例の場合、ほとんどの人は期待効用を最大にするという考え方と、同じ行動をとっていない」という例を示すというやり方です。ですから、「should」ではなく、「こうやっている」という例を示しています。

例えば、確実に1万円がもらえるくじと、0・9の確率で1万5000円もらえるか、0・1の確率でゼロのくじの、「どちらを選ぶか」と聞かれたら、皆さんはどちらをとるかという話です。前者は絶対に1万円がもらえ、後者は0・9の確率で1万5000円もらえますが、場合によってはゼロ円です。皆さんが「どちらを選びますか」と選択を迫られたら、どちらをとりますか。前者か後者か。

講義のときに尋ねてみると後者の人もいましたが、どちらが多いかというと、前者を選ぶ人が多かったのです。後者は、場合によってはゼロ円になる確率もあるので、確実に1万円もらえる方を選ぶ人が多くいました。後者に手を挙げた人もいましたが、それではアレのパラドックスは成り立たないので、前者を選んで欲しかったのですが。次に、確率0・1で1万円をもらえるか、確率

0・9でゼロのくじと、確率0・09で1万5000円もらえるか、確率0・91でゼロのくじを考えます。前者は0・1で1万円、0・9でゼロで、後者では0・09はほとんど0・1と変わりませんが、それで1万5000円、そして0・91というかなりの確率でゼロになります。「どちらを選びますか」と言われたらどちらを選びますか。前者を選ぶ人はいますか。あまりいません。後者を選ぶ人はいますか。実は、やはり後者を選ぶ人が多いのです。

手を挙げた人は理由が分かると思いますが、1万5000円と金額がかなり大きく、確率はほんの少し減るだけなので、多分、同じようなものなら、金額が大きい方がよいということでしょう。最初のケースでは前者、次のケースでは後者を選ぶという選択は、実は期待効用を計算することができ、「矛盾している」という結論が出ます。ですから、実際の人間の行動は、こういう期待効用の大きい方のくじを選択するという行動と必ずしも一致した行動をとっているとは限りません。「アレのパラドックス」は、期待効用最大化の前提（公準）の中の「独立性の公準」が満たされていないことを示しています。システム的発想では、aがbよりいいのに、別のものを加えると、それが成立しなくなります。例えば、こちらがそちらより良いのに、おのおのに、同じものを加えると、そうではなくなります。そうであると言っているのが、独立性の公準です。「1+1=2」の世界です。最初のケースのくじを用いて、後のケースのくじを書きなおすことによって、独立性の公準が満たされていないことを視覚的に示せます。

それ以外にもいろいろな前提がありますが、そのおのおのについてけちを付けた場合、結果が異なってきます。これもたくさん研究されていますので、インターネットで検索してもらえればと思います。

5　最後に

本章では「不確実性のもとでの意思決定」について述べました。ここの「不確実性」というのは、一般用語での「不確実性」です。先ほど不確実性とリスクと分けましたが、普通、不確実性という言葉は一般的に使い、「とにかく分からない状況」での意思決定で、これが現在の研究の考え方のベースになっています。

なお、ふれませんでしたが、情報を利用して自然の状態についての認識を深めるという点については、普通は情報収集をしますが、その際にコストがかかるので、目的がある場合にどのぐらいのコストを払ってまでやるかということも大事です。これは目的達成のための利得が分かるので、「いくらまでの費用を払うなら行い、それ以上かかるなら、やめる」ということです。「情報量」は工学的な発想ですが、「情報の価値」という観点からの分析も実際に存在しています。「情報量」は「ビット」という単位で量りますが、「情報の価値」というのは文系的な発想から出てきている問題です。

なお、「社会的意思決定」というものがあります。今の場合は個人ですが、これは集団の意思決定です。何人か人が集まり、その人たち全体での意思決定ということも、考えられています。集団となると、なかなか全ての人が満足できるような意思決定のやり方は、ある意味で存在しません。ここでは中小企業などの事業主や経営者の立場を意思決定者と捉え、基本的な意思決定の考え方を紹介しました。

経営においては、不確実性のもとでの意思決定を含めて、合理的な意思決定が重要となります。経験などでカバーできる部分はありますが、やはり合理的な意思決定が必要です。需要予想などの科学的な経営管理や、経営科学的な手法では線型計画法、在庫管理など、いろいろあります。そういったやり方を駆使して合理的な経営をすることが大事だと考えられます。

Ⅸ

事業承継と経営分析

追手門学院大学経営学部准教授、博士（経済学）　宮宇地　俊岳

1　はじめに

本章では「事業承継と経営分析」についてお話しします。事業を承継するにあたって、後継者にもっとも不足する知識の一つに、「会計・経営分析」が挙げられます。後継者が承継対象となる事業の技術や業務内容に精通していることはあっても、会計学や経営分析の知識に触れる機会がこれまでなかったという状況は容易に想像できます。そのような点を踏まえて、本章では、財務諸表の構造や経営分析の基本的な指標の説明を中心に行おうと考えています。

以下では、まず、事業承継の概要に触れながら後継者に不足する能力についてお話しします。次に、財務諸表の概要と経営分析の必要性に触れます。さらに、事業承継は、中小企業にとって特に重要

な問題になっていることから、中小企業を取り巻く利害関係者について確認をします。その後、経営分析で用いられる代表的な指標を確認したのち、事業承継に固有の経営分析の論点について説明します。

2　事業承継において後継者に不足する能力

「事業承継と経営分析」の話を進める前に、本節では、まず事業承継の概要の確認を行います。

事業承継とは、企業経営に携わる経営者が高齢になり、引退をしなければいけない時期がきたときに、企業の大小にかかわらず、いかに経営者を選定すればいいのか、さらには、その選定した経営者に、いかに事業をスムーズに引き継がせていくのかに関する問題をいいます。つまり、事業承継では、①誰を後継者にするのかということと、②いかに引き継がせるのかという2点が、大きな問題となるわけです。

まず、「誰を後継者にするのか」に関しては、自分の息子や娘など、「親族に継がせたい」と思うかもしれませんし、「娘ではちょっと……」ということであれば、娘婿を迎えて後継者に据えることもあります。また、それ以外の身内も後継者候補になりえます。身内の中に経営者に向く人や「やりたい」という意思のある人がいない場合には、業務に精通している番頭さんのような、キャリアの豊富な従業員を後継者に指名することもありえます。[1]

次に、「いかに引き継がせるのか」については、業務内容に詳しくない子供が継ぐ場合は、業務内容の伝達を行います（数年の期間をかけて業務に精通してもらう等）。また、事業を承継するということは、事業を別の人に譲渡するということで、その事業や会社の支配権である株式等を譲る行為を伴います。株式等は非常に巨額な財産にあたり、事業の譲渡は財産の譲渡をも意味するため、相続税や贈与税の支払いという問題が生じます。たとえば、従業員を後継者として指名して経営を任せたいと思えば、株式を譲渡しなければなりませんが、その従業員が相続税を払うだけのお金がない場合、能力・やる気は十分でも、「お金がないので譲ることができない」という問題が発生します。このように、事業承継というのは、なかなか複雑な問題であると言えます。

先ほど事業承継の定義の説明の中で、「企業の大小にかかわらず」と述べましたが、特に後継者選びの点で、問題が深刻なのは中小企業です。中小企業は人材を豊富に抱えているわけではないので、後継者になることのできる人材が、なかなか見つからない事態に直面しえます。

『週刊ダイヤモンド』の２０１３年11月９日号（32頁）には、中小企業の後継者が不足していることで、年間約７万件の事業が廃業に追い込まれていること、および、その会社が廃業したことで、年間、約20万～35万人の従業員の雇用が失われている旨が指摘されています。つまり、事業承継の問題は、小さな視点で見れば、家族の中で「家業の跡を継ぐか否か」という話ですが、大きな視点で見れば、日本経済の雇用や景気、経済成長にも関わりうる、喫緊の課題とも言うべくテーマだと考えられそうです。事業承継の問題は、特に、中小企業で事業承継が深刻であるため、相対的に「中小企業の問題だ」と捉えられることが多いようです。

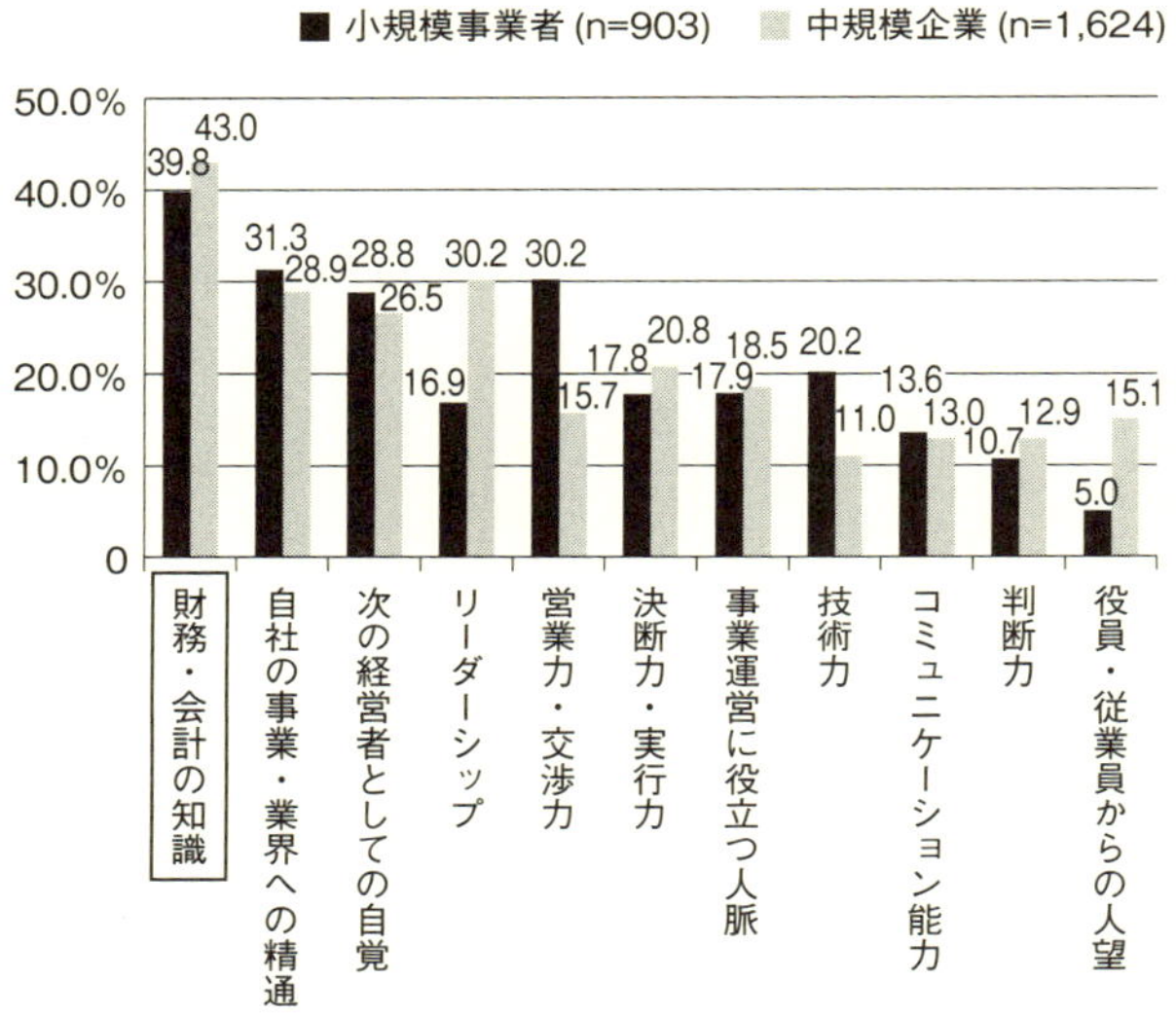

図1 後継者に不足している能力

出典：『2013年度版 中小企業白書』152頁をもとに、筆者が作成

事業承継において、仮に、なんとか後継者を見つけたとして、その後継者が能力的に直面する問題が一つあります。特に、親族や社内の従業員が事業を承継した場合に、「会計や資金回りの財務に関する知識が足りないため、不安を感じる」ということが報告されています。**図1**は、従業員の数が少ない小規模事業から、50人、１００人が働く中規模企業のそれぞれに対して、事業承継にとって「どういった能力が足りないか」ということを尋ねたアンケートの集計結果です。「業界に関する知識」、「リーダーシップ」、「営業力」などいろいろな項目が挙がっていますが、その筆頭に挙がっているのが、「財務・会計の知識が不足している」というものです。

実は、事業承継といったときに、事業承継に固有の会計の論点はそれほど多くありません（税金に関する論点は多々あるのですが）。会計の論点が問題というよりは、「会計の知識がない」ということが最大の問題になっているようです。したがって、本章では、一般的な会計、経営分析の話をしていきます。その際に、「中小企業固有」に注意しなければいけない必要性がある場合には、一般的な企業を対象とした説明内容に修正を加え、また、事業承継という背景・コンテキストの中で特に注意を払わなければいけない項目があれば、必要に応じて補足説明を行うようにしたいと思います。

3　財務諸表と経営分析の必要性

最初に、企業は多様な主体に囲まれており、その中で会計報告が必要になるということを知っていただこうと思います。**図2**は、企業を取り巻く主体（利害関係者と呼ばれます）を示したものです。

はじめに、企業には持ち主たるオーナーがいます。今まで存在しなかったような面白い商品やサービスを思い付き、「これが広まれば、世の中は非常に便利になり、自分も儲けることができる」との思いから、企業を立ち上げたとします。企業を立ち上げるにあたって、最初に必要なものはお金です。オフィスを設置したり、工場をつくるために、どうしてもお金が必要になります。そのときに、お金を出してくれた人を（資金提供の対価として企業の支配権である株式交付された場合

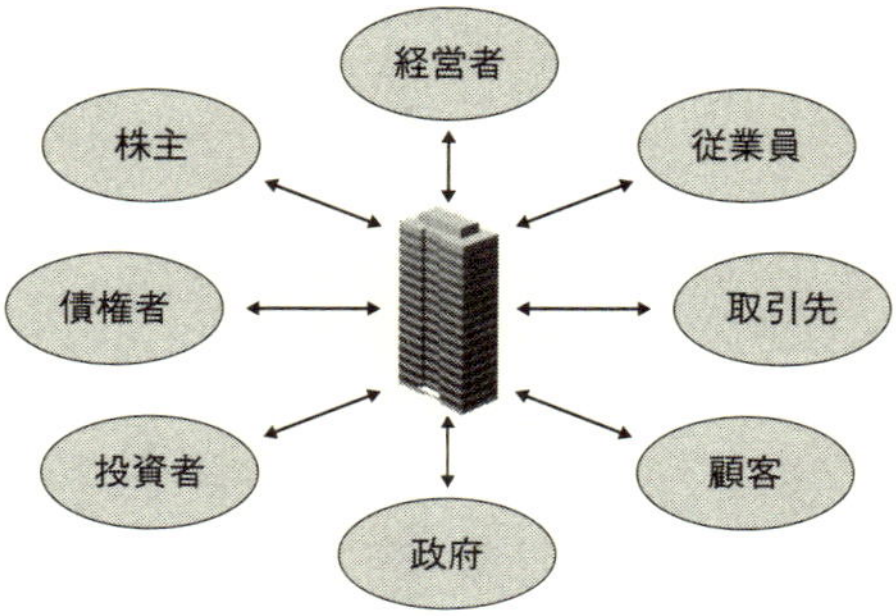

図２　企業を取り巻く利害関係者

は）「株主」と言い、その株主は企業の持ち主、オーナーに該当します。

　オーナー自身が企業の経営の舵取りをすることもありますが、お金だけを出して、経営は「経営の専門家」に任せてしまうパターンもあります。その意味で、株主とは別に、企業経営を行う「経営者」もいます。もし、企業のオーナーである株主が、経営者に経営を任せれば、株主は経営者が自分のために経営をしているかどうか気になります。また、経営を任された経営者は、適正な経営をしていることを株主にアピールする必要があります。さらに、経営者は多くの部下を抱えて経営をしているので、部下がきちんと仕事をしているのか、この会社の弱点はどこなのかといったことを知りたいと考えます。

　企業経営がある程度軌道に乗ると、今度は規模拡大のために、お金がもっと必要になり、「債権者」が絡んできます。債権者という言葉は、聞き慣れない言葉かもしれませんが、銀行をイメージしてもらえれば結構です。[2] 銀行からお金を借りようと思ったときに、銀行は「この企業に、お金を貸しても大丈夫か」ということが気になります。「お金を貸しても大丈夫だ」と判断し、お金を貸した段階になると、「貸したお金をきちんと返してくれるか」ということが気になり、仮に「返済が滞る危険性がありそうだ」と判断した場合には、貸したお金を引き上げることもあります。

この企業がもっと大きくなると、株式上場を果たし、株式を広く世間の人々に（追加的に）売り出して、お金をより多く集めることができるようになります。そうすると、「投資者」が企業と関わりを持つようになります。投資者は、まだこの企業に投資をしておらず、その意味で株主とは異なる存在です。投資者たちは、「この企業は、今後どんどん伸びる企業かどうか」ということを気にしています。

企業を取り巻く人々は、まだいます。企業の中で働いている従業員も、利害関係者として挙げることができます。企業が稼いだ利益水準と給料の水準の妥当性や、退職金を支払う原資が企業にありそうかというような関心を持っています。取引先も、企業に関して利害を持ちます。たとえば、この企業に取引先が部品を納入している場合、この企業に対して、「部品は納入したけれども、きちんと代金を払ってくれるのか」ということは気になるところです。あるいは、この企業と一緒に、共同で新商品を開発した場合、途中でこの企業の調子が悪くなって倒れられると、必要な資源（部品、技術、人材等）の提供が止まり、新商品の販売に支障が出てくる事態も想定されます。「組んでも大丈夫な企業なのか」ということが気になるわけです。

次に、顧客も、この企業に関して関心を持ちます。たとえば、顧客は、購入した製品が故障したときに、アフターサービスを受けることを期待しています。この企業が10年、20年と続くようであれば、部品の交換、製品の修理などのアフターサービスを受けることに関して、お客さんはそれほど不安を持ちません。しかし、5年後に潰れるような企業であれば、お客さんは「製品を買っても大丈夫か」という疑念を持ちます。最後は政府ですが、政府は、この企業に対していろいろな意味で関心を持ちます。一つは税金です。もし、企業が利益を上げているなら、政府はその利益に応じた額の税金を取るので、「この企業は一体どのくらいもうけているのか」ということに関心を持ちます。また、政府は、企業に対してさまざまな認可を行っています。たとえば、「建設業をやりたい」と思ったときに、「トンネル工事を任せて、手抜き工事をしないくらい健全な経営状態を保っている企業なのか」ということをチェックして、「建設業をやってもいい」、あるいは「今回、このトンネル工事は、あなたに任せても大丈夫です」という審査を行っています。それ以外の業種でも、薬品、放送事業、鉄道事業など、政府がさまざまな業種で認可を与えますが、その際に企業の経営状態の善し悪しに大きな関心があります。

このような形で、さまざまな主体が企業を取り囲み、それぞれに企業の経営状態に関心を持っています。各主体が、時間、お金、人員等を十分に抱えており、この企業の経営状態について、逐一監視できればいいのですが、物理的・時間的な制約があるため、それは不可能と言えるでしょう。この問題を解決するために、企業に会計数値を作成させ、企業自身に経営状態の善し悪しを報告させる会計制度をつくりました。そうすることで、利害関係者が企業を監視する際の手間・コストを省いています。先ほど、企業を取り巻く主体として、たとえば、株主、債権者、経営者などがいると紹介しましたが、経営分析では、どの主体の立場に立つかにより、「企業の何を知りたいか」ということが変わってきますので、後々の内容と関わってくることになります。

次に、企業が公表する会計数値が掲載されている書類である「財務諸表」（会社法では「計算書類」）について説明します。主要な財務諸表は三つあります。一つは、企業の1年間の経営成績を示すもので、いくら儲けたのか（損したのか）に関する情報を開示するものとして「損益計算書」があります。これは、英語でIncome Statementと呼ばれ、I／Sと略式表記されることがあります。もう一つ同じような形で、会社の現金（の出入り）に関して、1年間の現金ベースでの稼ぎを報告する書類として、「キャッシュ・フロー計算書」が存在します。英語ではCash Flow Statementと呼ばれるため、C／Sと略式表記されます。この二つが、経営成績に関するものです。いま一つは、会社の現時点での財政状態を示し、どれくらいの資産・負債があるのかを報告する「貸借対照表」が該当します。英語でBalance Sheetと呼ばれ、B／Sと略式表記されます。

上場企業に代表される大企業では、この三つの書類が中心になります。ただし、事業承継が問題になるような中小企業を前提にした場合、会社法がキャッシュ・フロー計算書の作成を義務付けていない関係から、キャッシュ・フロー計算書を作成していない企業が多数を占めます（自主的に作成している会社もあります）。そのため、中小企業については、キャッシュ・フロー計算書の情報が、

損益計算書
自　平成24年4月1日　至　平成25年3月31日

Ⅰ　売上高	（＋）	××××
Ⅱ　売上原価	（－）	××××
売上総利益		××××
Ⅲ　販売費および一般管理費	（－）	××××
営業利益		××××
Ⅳ　営業外収益	（＋）	××××
Ⅴ　営業外費用	（－）	××××
経常利益		××××
Ⅵ　特別利益	（＋）	××××
Ⅶ　特別損失	（－）	××××
税引前当期純利益		××××
法人税、住民税および事業税	（－）	××××
法人税等調整額	（±）	××××
当期純利益		××××

図３　損益計算書の基本構造
（注）括弧内の＋や－は、利益を計算する際の加算項目か減算項目かを示している。

必ず手に入るわけではないことには、注意してください[3]。

それでは、各書類についての概要を説明していきます。まず、「損益計算書」ですが、基本的な構造は**図３**に示したとおりです。一番上に「売上高」が示され、そこで販売された商品の仕入れコストを「売上原価」として差し引きます。続いて「販売費および一般管理費」には、その商品を売るための広告宣伝費や、給料、電気代などの管理費用が含まれ、それらを引くと「営業利益」が表示されます。これは、企業の本業（たとえば、ビール・メーカーであれば、ビールを作って売るという活動）の成果を示す業績指標です。

その後に、「営業外収益」、「営業外費用」という項目を加減算します。これらは、特に、「余剰資金を運用したことによるもうけ」あるいは、「お金を調達することに関わるコスト」等、財務活動から生じる収益・費用の情報を示します。たとえば、株の売却益や、銀行からお金を借りたことで払うべき支払利息などが該当します。これらを営業利益に加味して算定されるのが「経常利益」です。これは、企業の本業と財務活動の成果を足し合わせた業績指標です。

次に出てくる「特別利益」、「特別損失」は、滅多に起きない事象が生じたときに発生する利益、損失を計上する項目です。たとえば、地震が起きて工場が大破する、自社ビルを売却処分する（その際に収益または損失が生じる）といった事象が該当します。これらの金額を先ほどの経常利益に加味して、さらに税金支払い等々を考慮して、当期純利益を計算していきます。このように、損益計算書では何段階かに分けて利益を計算することで、内容・意味の異なる情報を開示しています。

続いて「キャッシュ・フロー計算書」ですが、企業は手形や小切手で約束した支払金額について、支払期日に、相当する額の現金や預金を保有していなければ、倒産してしまいます。企業が生きるか死ぬかは、「手元にお金が残っているかどうか」が分かれ目になってきます。損益計算書では「企業が儲かったどうか」に関する情報を開示しますが、「お金の有無」の情報を表示しているわけではありません。そこで、現金の獲得状況に関する情報を開示するのが、キャッシュ・フロー計算書なのです。キャッシュ・フロー計算書は、大きく三つの活動区分に分かれた構成をとります。まず、「営業活動区分」には、本業の活動（たとえば、ビール・メーカーであれば、ビールを作って売るという活動）のために、どれくらいのお金が出たのか、入ったのかという情報が表示されることに

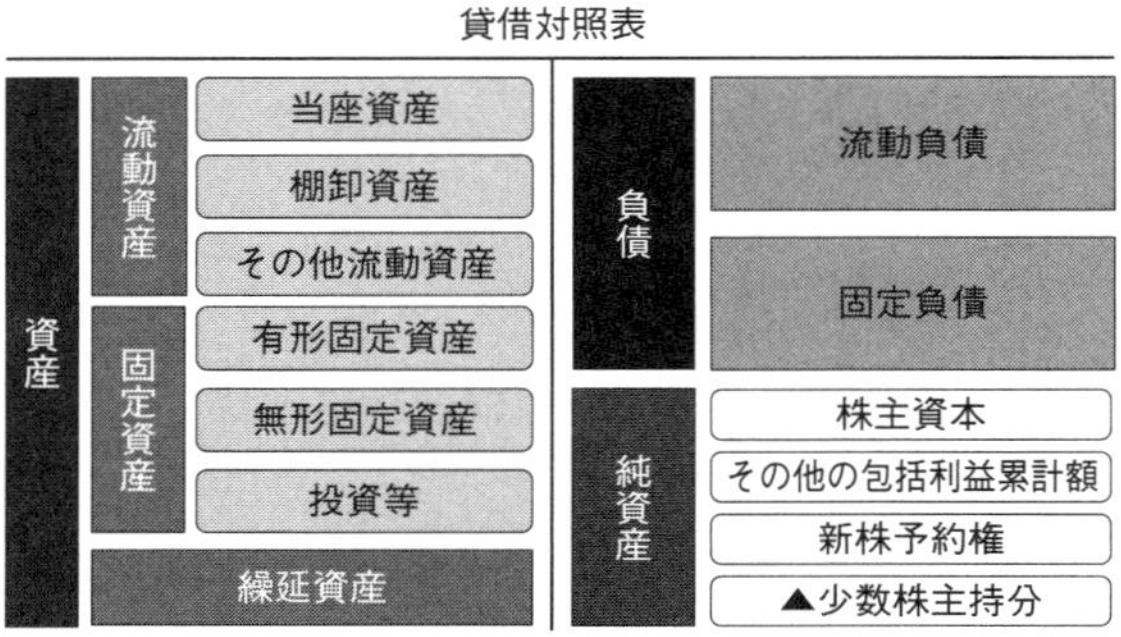

図４　貸借対照表の基本構造

なります。「投資活動」というのは、ビール・メーカーが、生産能力を向上させるために工場をつくった場合、その設備投資に関して、どれだけのお金が出たのか、入ったのかということが示されます。他にも、工場を売却したり、店舗を処分する際の現金の出入りも、ここに反映されます。三つ目の「財務活動の区分」では、借金をしたり、借金を返済するというような活動の情報が出てきます。この3種類の活動区分ごとに、お金の出入りに着目した情報を開示しています。

最後に、企業の資産・負債の状況を示す「貸借対照表」ですが、基本的な構造は**図４**のようになっています。左側に資産、右側に負債と純資産に関する情報を開示しています。右側の負債・純資産はお金の調達源泉を表し、左側の資産は、(右側で)調達してきたお金を、いま何に投下しているのかという、資産の運用形態を表示しています。これらの三つの書類の情報を用いて、経営分析を行っていきます。

4　中小企業を取り巻く利害関係者

ここまで、企業全般に当てはまる話をしてきましたが、本節では、事業承継の中心的存在である中小企業を想定した場合に、利害関係者がどう変わるのかという話をします。中小企業の場合は、「オーナー経営者」が存在するケースが多くあります。オーナー経営者とは、企業を創業する際に自分でお金を出し、それと同時に、自身が経営者に就任して、企業の経営を行っている場合の経営者のことを言います。この場合、企業の所有者である株主と、企業の経営を行う経営者とが同一人物になります。そうすると、先ほどの**図2**のうち、株主と経営者が同じ人物になります。

次に資金調達先ですが、経営者の持っている個人財産を、企業に注ぎ込んでいる可能性があります。たとえば、事業を拡大していくためにお金が必要な状況があるとします。企業の創業期には「数年間にわたる安定的な活動実績」がないので、融資を受けることを希望しても、銀行がお金を貸してくれないことは、ままあります。そのため、経営者自らがお金を企業に投資します。その際に、企業にお金を貸す融資の形を取ることもあります。そうすると、経営者が企業に個人財産を貸し付けることになり、お金を貸している人（債権者）と、経営者が同一人物になる可能性が十分にあります。[4]つまり、中小企業に関しては、利害関係者の構図が一般的な企業と異なり、株主と経営者が同一人物であることが十分にあります。さらに、銀行からなかなかお金を借りることができない初期の段階では、経営者が個人財産を企業に貸すということがあり、債権者と経営者も同一人物

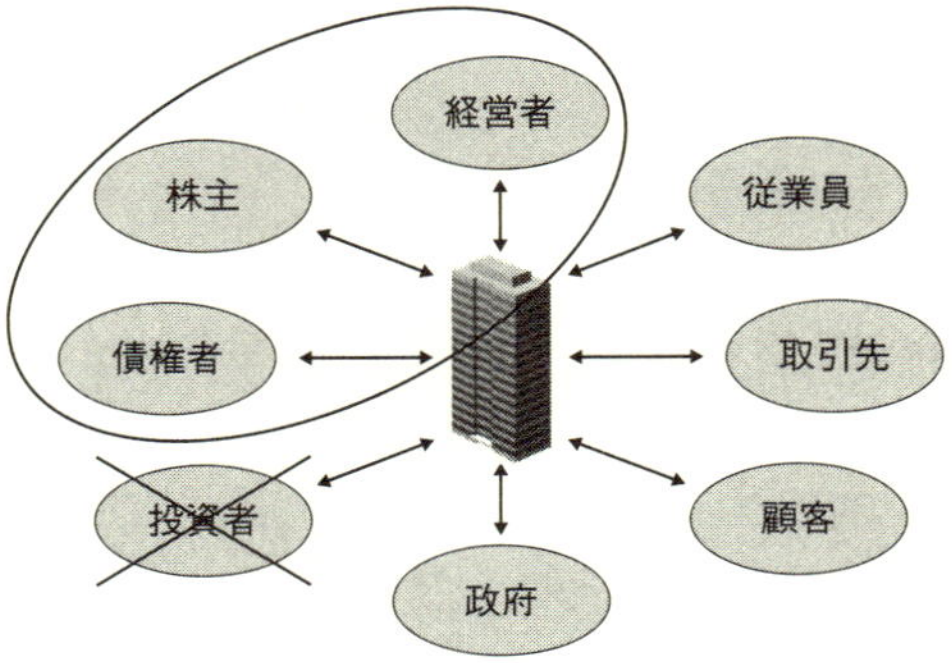

図5　中小企業を取り巻く利害関係者

になることがあります。そのため、この三者が同一になるパターンが、可能性として想定されます。それらを図示したものが**図5**です。

また、中小企業は株式上場をしていません。規模がより大きくなり、巨額な資金を集める際に、企業は証券取引所に株式上場を行います。上場をすると企業は「上場廃止基準」の規制を受けますが、上場していない中小企業はその規制を受けることはありません。また、上場していない中小企業は、証券市場で株の売買をされることがないので投資者が絡むこともありません。仮に、上記のような利害関係者の構図になれば、中小企業の経営分析の際には、経営者（＝株主＝債権者）と、銀行との融資取引があれば債権者、あとは、従業員、取引先への関心に応えることが重要となります。

次節以降で、経営分析の指標の説明を行いますが、指標の特性を理解すること以上に、「株主、債権者等のうち、どの主体の視点から分析するのか」という問題の方が、実際に分析を進めるうえでは重要になります。その意味で、一般的な企業の利害関係者と、事業承継の中心となる中小企業を取り巻く利害関係者との違いを理解しておくことは重要だと言えそうです。

5　経営分析における代表的な指標

さて、本節では、経営分析における代表的な指標について説明をしていきます。経営分析を行う際に、先ほど説明をした、損益計算書、キャッシュ・フロー計算書、貸借対照表を使い、どういったことを分析するのでしょうか。

まず一つ、代表的な指標として知られているのが収益性です。収益性というのは、その企業が利益を獲得する力をどの程度持っているのかということを表す指標です。企業は営利組織なので、株主、債権者、投資者など、あらゆる利害関係者が企業の利益獲得能力に関心を持っています。

収益力を考える際には、二つの視点から検討します。一つは①取引効率という視点で、1回の取引で、どれくらいの利益を稼ぐことができるのかということです。もう一つは②資本効率という視点で、その利益額を稼ぐために、いくらのコストをかけたのかということです。たとえば、20万円の利益を稼いだとしても、100万円のコストをかけているケースと、10万円のコストをかけているケースとでは、後者の方が効率的に稼げており、収益獲得能力という意味では高く評価されます。①の取引効率と呼ばれる収益性は、売上高利益率という指標で見ることができ、②の資本効率は、資本利益率という指標で測ることができます。

売上高利益率についてですが、先ほど**図３**で、損益計算書の基本構造を説明した際に、活動内容の違いに応じて、売上総利益、営業利益、経常利益、当期純利益が計算されると説明しました。売上高利益率は、これらの段階別の利益の数だけ、指標が存在することになります。基本的に、それぞれの利益を売上高で割って求められる指標となっています。

まず、売上総利益率という指標は、売上総利益を売上高で割って１００をかけた指標です。この売上総利益は、たとえば、80個の商品が売れたときの売上高から80個の商品の仕入れコストを差し引いたもので、同一量の商品の販売価格と仕入れコストの差額を示す指標となります。ですから、この指標を見ると、商品の利ざやを捉えることができ、商品の収益力を測ることができます。次に、売上高営業利益率は、営業利益を売上高で割る指標です。先ほどの商品の収益力だけではなく、販売促進活動、研究開発などの経営管理活動を考慮した上での、本業の収益力を表す指標です。売上高経常利益率は、経常利益を売上高で割る形で求め、売上高に占める経常利益の割合が示されます。経常利益は、営業利益にお金の貸し借りに関する活動（財務活動）の成果を含めるため、本業だけではなく、資金調達活動の成果も反映した収益力を示す指標となります。最後に、売上高当期純利益率は、最終的な当期純利益を売上高で割った指標です。これは、税金などを考慮した最終的な成果に関する収益性を示します。これらの四つの売上高利益率は、売上高に対してどれだけの利益額が占めているかを示す指標という点では変わりませんが、それぞれの利益の意味が違うので、情報内容の異なる収益力が表されます。

続いて、②資本利益率に関する指標は、同じ利益を稼ぐにしても、元手は幾らだったのかという点での効率を示すもので、利益を投下した資本の金額で割ることで示される指標です。

代表的な指標が二つあります。一つは総資産利益率と呼ばれるもので、事業利益を総資産で割って求められます。ここで、事業利益とは、営業利益に営業外収益と呼ばれる財務活動から生じる収益を足す形で求められる利益になります（損益計算書に事業利益の情報は載っていません）。この指標は、資本の調達源泉（負債で調達したのか、純資産という形で調達した資本なのか）を問わずに、使った資本（資産）全体でどれだけの利益を稼ぐことができたかという、総合的な収益力を示す指標です。英語ではReturn on Assetと言い、その頭文字を取ってＲＯＡと言われます。

もう一つの指標は自己資本利益率と呼ばれるもので、最終的な利益である当期純利益を純資産で割ります。純資産は、株主が提供したお金です。当期純利益というのは、いろいろ差し引いて、最終的に会社に帰属する利益です。したがって、自己資本利益率は、株主が投下したお金と、最終的に株主に帰属する利益とを比較しています。これは、特に株主にとって重要な指標となります。英語ではReturn on Equityと言いＲＯＥと略されます。

次に、効率性と呼ばれる指標について説明します。企業は資金を投下して、建物や営業用の車を買ったり商品を仕入れたりしますが、投下した資金が、売上高の回収にどれだけ貢献しているかを示すものが効率性です[6]。効率性の指標は、売上高を各種資産で割って算定されるもので、回転率（turnover ratio）という形で表されます。単位は「回」で、何回転という形で表されます。具体的な指標は四つあります。一つは総資本回転率で、企業の売上高を、企業が保有している総資産の金額で割ります。企業が1年間に稼いだ売上高を、企業が保有している資産が何回転すれば、稼ぎ出すことになるかということを示す指標です。次に、有形固定資産回転率は、売上高を建物、土地、車両運搬具などの形のある有形固定資産で割った指標です。この指標は、設備に投下された資金額が、どれだけ売上高獲得に効率的に貢献しているかを見ることができます。三つ目の売上債権回転率は、売掛金、受取手形などの売上債権にあたる資産が、どれだけ早く回転して、売上げとして回収されているかを表します。最後に、棚卸資産回転率は、売上高を棚卸資産で割ります。棚卸資産というのは、期末時点に企業が販売するために保有している商品・製品などが該当し、これらが売上高獲得のために、どれだけ効率的に払い出されて、貢献しているかを見る指標です。[7]

特に、売上債権回転率と棚卸資産回転率は、効率性以外にも倒産の危険性を示す指標としても知られており、企業の経営が苦しくなってくるとこれらの指標が悪化します。具体的には、代金払いは後日でいいという条件で商品を売らざるを得なくなると、売掛金や受取手形の割合がどんどん増え、売上債権回転率が悪くなります。あるいは、商品の売れ行きが悪くなると在庫が滞留するようになり、棚卸資産回転率が悪くなります。これらの指標から、経営状態が苦しいか否かを読みとることができます。

続いて、安全性指標です。安全性という言葉は、言い換えると、倒産危険性を意味します。その意味で、安全性とは、企業に債務支払能力が十分に備わっているかどうかを分析することになりま

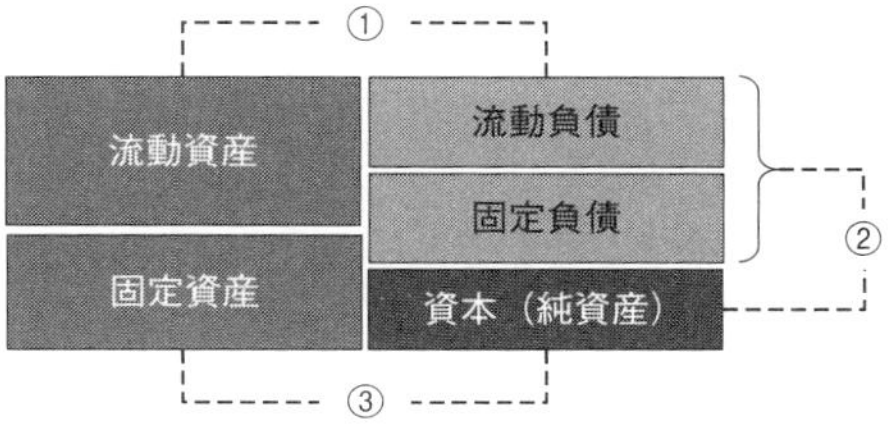

図６　安全性分析の概念図

す。安全性を見る上で、短期的な視点と長期的な視点の両方から捉えることが重要になります。1年以内の支払いに耐えることができるかどうかという意味で「短期的」という言葉使いますが、短期的な支払い能力を見るときには、流動性分析が適合します。他方で、「長期的」という言葉は、1年よりもっと先の支払いに耐えられるかどうかという意味で使われますが、こちらは財務構造分析が適合します。それぞれを見ていきます。**図6**をご覧下さい。

流動性分析は、貸借対照表があるときに、①の対応関係を見ます。そもそも、流動資産、流動負債とは何でしょうか。流動資産というのは、すぐにお金に代わる資産です。たとえば、現金、預金などはお金そのものですし、手形、売掛金は2~3カ月待てばお金に代わります。また、株、商品などは売却すればお金か、すぐにお金に代わるものを手にすることができます。それに対して固定資産というのは、建物、土地など、簡単には（時間的に早期に）お金に代わらないものが含まれます。また、流動負債は、1年以内に支払期限がくるものです。例えば、1年以内に返さなければいけない借金などです。ですから、流動性分析は、1年以内に払わなければいけない負債に対して、すぐにお金に代わるものをどれだけ持っているかの程度を示す指標ということになります。この支払いがきちんとできていれば、短期的に倒産する危険性は低いと言えます。

これに対して、長期的な視点の「財務構造分析」は、**図6**の②のバランスを見る分析が該当します。負債や純資産は、会社の資金の調達源泉を表しますが、当然、借金等の負債が多すぎると倒産するリスクは高くなりますし、負債が少なければ10年ほど経過しても倒産しないかもしれません。このバランスの善し悪しを見るのが、財務構造分析に該当します。

まず、図中の①の関係性を見る流動性分析では、以下の二つの指標がよく知られています。その一つが、流動比率で、流動資産と流動負債の大小関係を見ます。流動負債は先ほど説明しましたが、近い将来、お金を支払わなければいけない支払い・返済予定の項目です。それに対して、流動資産は、すぐにでもお金に代わるものです。それらの項目のバランスを見て、直近の支払いを乗り切る力があるかどうかを見ています。もう一つは、当座比率と呼ばれるもので、当座資産を流動負債で割った指標です。当座資産というのは、流動資産の中でも、特に現金化の早い資産を指します。現金、預金、売掛金、手形、有価証券のような、すぐにでもお金に代えられるものを当座資産と呼びます。これら二つの指標間で何が違うのかということが問題になりますが、流動資産には商品等の棚卸資産が含まれますが、当座資産には含まれない点が違いになります。商品は、すぐに売れる（現金に代わる）こともありますが、売れないこともあります[8]。

他方で、図中の②の関係性を見る財務構造分析に関するものとして、自己資本比率分析があります。これは、自己資本と総資本の比率を取った指標で、企業が調達した資本総額のうち、自己資本から調達したのはどれくらいかを見るものです。企業が集めたお金のうち、どれだけを借金等の負債で準備し、どれだけを自分で準備したのかを見る必要があります。当然、自分で用意した資金部分の比率が高ければ倒産しにくくなり、健全だということになります。

他の指標として、負債比率は、自己資本と負債の大きさを見ています。これは、自己資本が負債を補う上で十分かどうかを見る指標です。また、固定比率は、建物、機械、設備などの長期の資金運用を要求する固定資産と、自己資本のように返済する必要のない長期の資金調達源泉とのバランスを見る指標です。ここでバランスが取れていれば、長期的な意味での資金の安定性は高くなります。さらに、固定長期適合率は、固定資産を、固定負債と自己資本を加えた金額で割ります。長期の借金である固定負債という項目を加えて、長期の資金調達と、長期の資金運用のバランスを取る指標です。このような形で、倒産の危険性を見ていきます。

最後に成長性です。成長性というのは、過去に、企業がどれくらい伸びてきたのかを見るものです。2年前の売上高は100万円、去年の売上高が150万円であれば、売上高は1・5倍に拡大しています。また、この過去の傾向から、「将来はこれぐらい伸びるだろう」という予想も立てられなくはありません。

この成長性は、たとえば、去年の2月の売上高と今年の2月の売上高を比較するような形で、「対前年同期比」を算定することで、特定の時期に売上高が集中するような季節性[9]を排除した形で、企業の成長度合いを測定することができます。そのような形で、売上高、利益、資産など、あらゆる項目の伸び具合を捉えることができます。特に中小企業の事業承継を行うにあたり、会社の伸び具合は、見ておかなければいけない指標の一つだと思います。経営分析では、ここで紹介した収益性、効率性、安全性、成長性の指標以外にも、まだまだ多くの分析技法が存在します。

6 事業承継というコンテキストでの固有のチェックポイント

本節では、特に事業承継という背景の中で、経営分析という視点から注意が必要と思われるポイントを、幾つか指摘しておきます。事業承継を行うと、現行経営者が退いて後任の人に地位をバトンタッチすることになりますが、後継者の視点から見て、注意しなければいけない点があります。

後継者が直面する問題の代表的なものは、事業承継の依頼があったので、それを受けて企業の後継者になってはみたものの、実際に後任経営者になって企業の内部を見ると、企業にある在庫はとても売れそうにない「不良在庫」であるケースや、「簿外負債」という会計帳簿に記録されていない負債が存在するケース、さらには、退職金の積み立てが不足しているケースなどがあります。企業がこのような経営状態だと知っていれば、自分は後継者にはならなかったのに、というトラブルが頻発しています。

このような問題を避けるためには、後継者になる人は、先ほど紹介したような棚卸資産回転日数や売上債権回転日数を確認するなどして、少なくとも在庫の滞留や、売上代金の回収の遅れ（架空売上の計上の可能性も含む）等の存在を示す兆候を掴むことをしておく必要がありそうです。

商品の売れ行きが悪くなっていくと、棚卸資産回転日数はどんどん悪くなります。たとえば、棚卸資産による売上高の回収（1回転）に要する日数が、以前は20日ぐらいであったのが、48日かかるようになり、67日かかるようになりと、次第に日数が伸びていくようであれば、商品の売れ行きが悪くなっていることが見てとれます。また、売上債権回転日数は、今までは商品を現金で売っていたものが、売掛金などの掛売にしなければ売れなくなっているパターンです。売掛金での売買がどんどん増えていけば、売上債権回転日数もどんどん長くなります。商品の売上げが悪くなっていることは、このあたりから見てとることができます。また、商品の在庫の存在等々を隠していても、売掛金の回収のスピードなどはごまかしにくい点も重要です。

また、隠れ借金があることに関しても、借金の存在は隠すことができても、利息の支払い額と辻褄が合わなくなることがありえます。支払利息の金額と、帳簿に載っている借金の金額を見て、この借金に対して何％の利息を払っているのかを計算することができます。ライバル他社が支払っている負債の利息や、世間一般的な利率よりも、はるかに高い金額を払っているようであれば、「これは何かがおかしい」ということになります。「何か、帳簿に載っていない借金が、あるのではないか」と疑ってかかることができます。事業承継の後継者になる場合は、このあたりにも気を付けなければいけません。

7 まとめ

本章では、事業承継と経営分析というテーマのもと、まず、事業承継の概要に触れながら、承継後の後継者が悩むスキルとして、会計や経営分析の知識が不足する事実を指摘した上で、財務諸表の構造等の基礎的知識の確認を行いました。また、経営分析で用いられる代表的な経営指標を紹介するとともに、事業承継の中心対象となる中小企業を取り巻く利害関係者の構成が、一般的な企業のそれとは異なりうることも確認しました。経営分析を行う際には、どの主体の視点から分析するのかが重要です。そして最後に、事業承継というコンテキストで特に問題となる、承継企業の経営状態に関する承継前の分析において、不良在庫や簿外負債の存在を示す兆候がないかをチェックすることの重要性について触れました。

注

1 「誰を後継者にするのか」については、三つの方法があります。一つ目は「親族内承継」で、自分の子供などの身内に事業を継いでもらうやり方です。二つ目は「従業員承継」で、身内に事業を継いでもいいと思う人材がいない場合に、能力とやる気、キャリアがある優秀な従業員がいれば、その人に跡を継いでもらう方法です。もう一つが「第三者承継」で、従業員にも身内にも「この事業を継ぎたい」という人がいない場合、同業他社や、同業ではなくても当該分野への進出を検討している企業に、事業を丸ごと売却する形（買収という形態）で、事業を譲渡するという方法です。

2　厳密には、融資を行う銀行だけでなく、社債への投資者も含まれます。

3　中小企業の経営状態に関しては、帝国データバンクが膨大な情報を持っており、そこのデータでも、キャッシュ・フローの情報が手に入らない企業が何社かあります。それは、そもそも、中小企業がキャッシュ・フロー計算書を作成していないことに起因しています。

4　『２０１３年度 中小企業白書』38頁の図1-1-38「規模別の財務構造」によると、企業の規模が「大企業」から「中規模企業」、「小規模企業」へと小さくなるにつれ、「製造業」、「商業・サービス業」ともに、固定負債・流動負債による資金調達の比率が高くなる傾向が示されています。企業規模が小さくなるほど、自己資金による資金調達（過年度利益の活用、株式発行等）が難しくなり、企業の外からお金を借りなければなりません。銀行から借りることができればよいのですが、そうでなければ、経営者が個人財産を企業に貸すという形で、企業は借金をするということになります。

5　たとえば、マクドナルドとモスバーガー、スターバックスコーヒーとドトールコーヒーなど、価格戦略や製品の魅力度の違う会社を分析する際に、違いがはっきりと出てくる指標です。

6　収益性の指標は、どれだけの利益を稼いでいるのかを見るものですが、効率性はどれだけの売上高を稼いでいるのかを見る指標です。

7　売上債権回転率、棚卸資産回転率等の指標は、「何回転する」というよりも、1年が３６５日あるので、「何日たてば、1回転できるのか」というように、日数換算した方が分かりやすいことがあります。３６５日を各回転率の指標で割ると、売上債権回転日数、棚卸資産回転日数がそれぞれ算定されます。それを見ると、たとえば「売掛金が回収されるまで17日間かかる」、「会社の在庫が1回出ていくのに、12日もかかる」というように日数で示されます。

8　たとえば、マンションメーカーが、土地の基礎を含め、マンションを造り始めてから完成するまでに1、2年ぐらいかかる場合に、造りかけの製品であるマンションが、流動資産の棚卸資産として含まれています。棚卸資産は、完成・販売までに時間を要するため、すぐに（短期に）お金に代わる資産だと考えられるのか、という点が問題になります。この点、商品・製品のように現金化に不確実性のある資産を外して、よりお金に近いところだけを取り出したものが当座資産で、それを使った比率が当座比率になります。

9　たとえば、ビールは、夏の時期に売上高を稼ぐ製品ですし、チョコレートは、2月のバレンタインの時期に販売実績がある製品と考えられます。また、この季節性は、北半球と南半球とでは逆転します。

X 事業承継と管理会計

追手門学院大学経営学部教授、博士（経営学） 李 建

1 はじめに

企業経営において、経営者は常に会社の利益体質を把握しておく必要があります。事業承継の場合もそれは例外ではありません。健康診断によって人の健康状態をチェックするのと同様、利益体質の分析によって、引き継いだ会社が持続的な利益を生み出す体質になっているか否かをまずは把握しておく必要があるのです。そのような目的のために、費用（Cost）・売上高（Volume）・利益（Profit）の関係を分析するＣＶＰ分析と呼ばれるマネジメント手法が用いられます。ＣＶＰ分析により、会社の利益体質の確認と、それを踏まえた利益計画を可能にする三つの重要な指標を得ることができます。一つ目の指標は、損益分岐点、つまり利益がゼロのときの売上高で、二つ目の指標

は、会社の現在の売上高に含まれている安全余裕分であり、そして三つ目の指標は、目標とする利益を確保するために必要な売上高です。
それでは、ＣＶＰ分析によって得られるこれら三つの指標について考察し、事業承継へのインプリケーションを探りたいと思います。その前に、ＣＶＰ分析のために必要な基礎概念を整理しておきましょう。

2 変動費と固定費

仮に、両親が経営していた街の小さなパン屋をあなたが引き継いだと仮定してみましょう。菓子パン（以下、パンという）を製造販売しているこの街のパン屋をどのように経営していけば利益が確保できるのでしょうか。それを考えるために、まずは変動費と固定費の概念を理解する必要があります。会社で発生する費用は、生産販売量に比例して増加する費用（以下、変動費という）と、生産販売量に影響されず一定額発生する費用（以下、固定費という）に大きく分かれます（**図1**）。街のパン屋が店舗を借りて営業を行っているのであれば、変動費と固定費として次のような費用が発生するでしょう。

【変動費】・原材料費
【固定費】・家賃　・人件費　・減価償却費　・保険料

（ただし、横軸は生産販売量、縦軸は費用を表す）

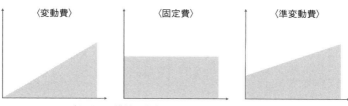

図１　費用のタイプ

この他にも、変動費と固定費の要素を併せ持つ準変動費と呼ばれる費用があります（**図１**）。例えば、電話代や水道光熱費などは、使用量に関係なく一定額の固定費（基本料金）が発生し、そこに使用量に比例して変動費が加算される代表的な準変動費と言えます。しかし、準変動費も、変動費の部分と固定費の部分に分けられるため、費用を変動費と固定費に二分する考え方は依然として有効です。**図１**で示した各種の費用を一つにまとめると、次節の**図２**にあるような総費用線が描かれます。生産販売量がゼロでも固定費の部分が発生し、そこから生産販売量に比例して変動費が加算されていく様子が分かります。

３　損益分岐点の売上高を確認する

ＣＶＰ分析により、まずは損益分岐点の売上高がいくらであるかを確認することができます。損益分岐点とは、損失と利益が分岐する点、すなわち利益がゼロの点を指しています。損益分岐点が分かれば、会社の利益体質がどのようなものであるかを概ね理解できま

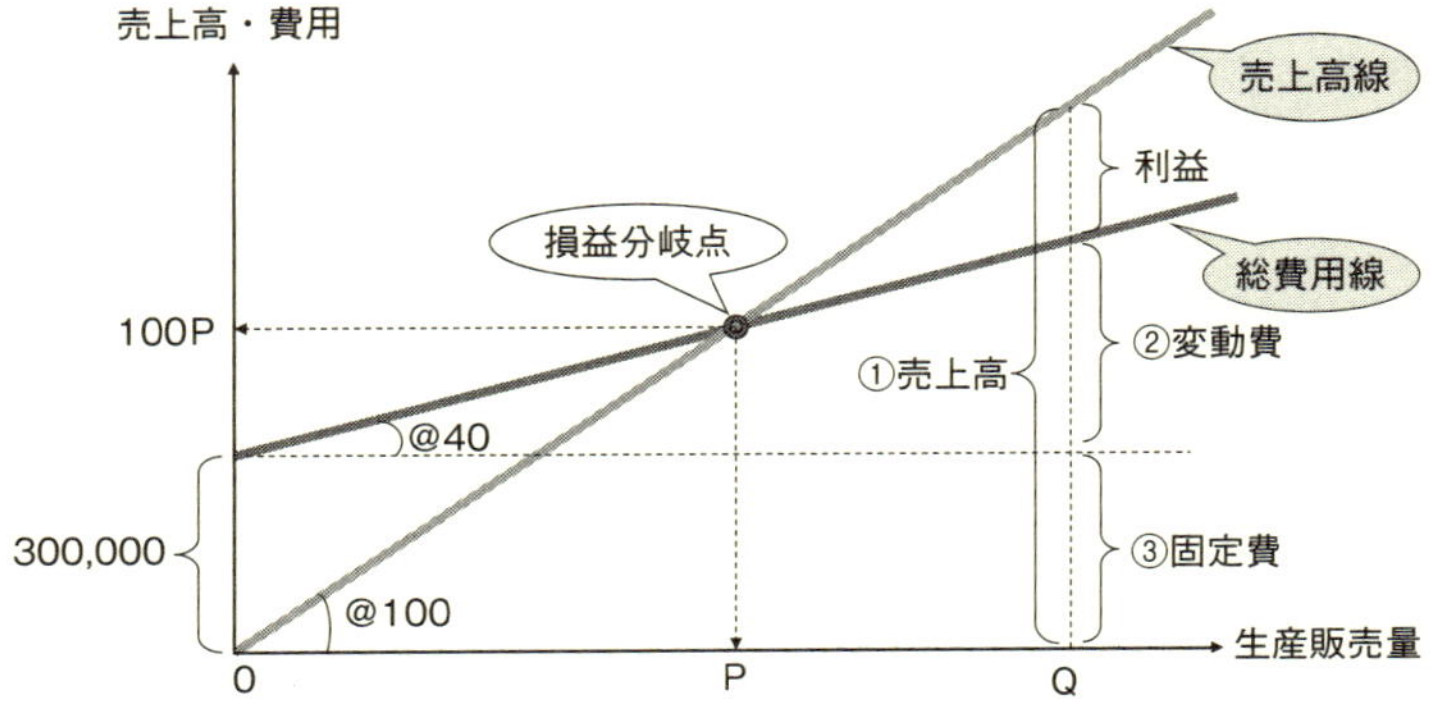

図２ CVP図表

す。**図２**はＣＶＰ分析を図式化したものです。原点から右上に延びる線は、生産販売量に比例して増加していく売上高線を表しています。そこに、前節で説明した総費用線を重ねると、ＣＶＰ分析に必要なＣＶＰ図表が出来上がります。ＣＶＰ分析の３要素は、販売単価、変動費単価（変動費率ともいう）、固定費の三つです。つまり、これら三つのデータさえ揃えばＣＶＰ分析が可能であるということです。街のパン屋の例において、ＣＶＰ分析の３要素が次のとおりだとしましょう。

◆ＣＶＰ分析の３要素
・販売単価：１００円
・変動費単価（変動費率）：40円
・固定費：３００，０００円／月

パンの販売単価、すなわちパン1個の値段が１００円なので、売上高線の傾きは＠１００円となります。一方、パ

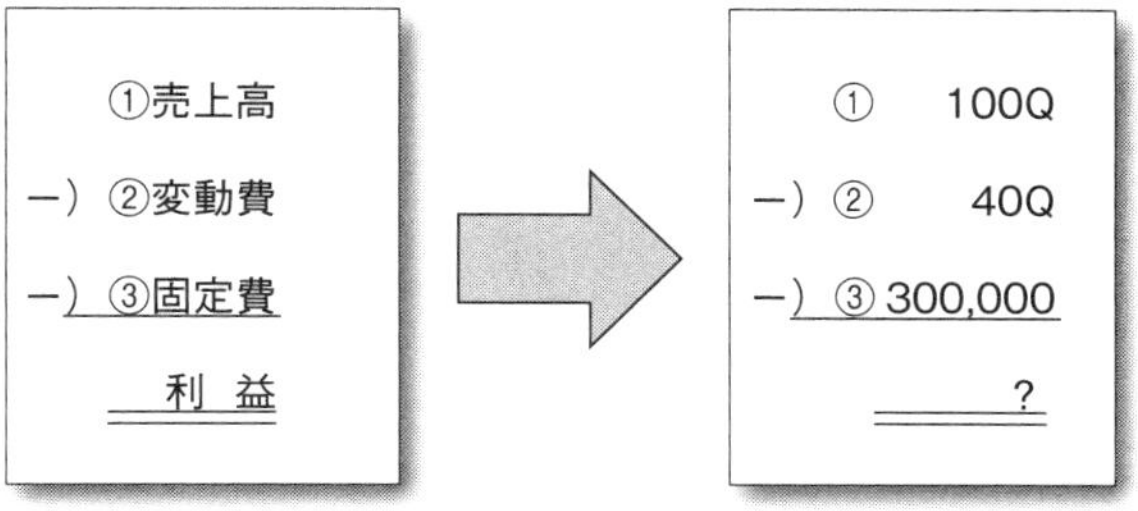

（ただし、Q＝生産販売量）

図３　売上高・費用・利益の関係

ン１個当たりの変動費である変動費単価（変動費率）は40円なので、総費用線の傾きは@40円になります。そして、固定費が３００，０００円なので、総費用線のy切片は３００，０００円となり、総費用線はそこから右上に延びる線となります。

図２から、ある生産販売量Ｑにおいて、①売上高は１００Ｑ円、②変動費は40Ｑ円、③固定費は３００，０００円であることが分かります。次に、生産販売量を、売上高線と総費用線が交わるＰのところまで下げていってみましょう。すると、利益がどんどん小さくなり、生産販売量Ｐのところまでくると、利益はゼロになってしまいます。利益ゼロの点、それがすなわち損益分岐点なのです。Ｐを基準に、それよりも生産販売量が少ないと損失、多いと利益となるので、Ｐはまさに損益が分岐する点（損益分岐点）となるわけです。**図２**のグラフの関係は、**図３**のように表すことができます。

それでは実際に損益分岐点を求めてみましょう。**図３**の関係を次のようなＣＶＰ等式で表すと損益分岐点の生産販売量は簡単に求められます。

◆①売上高－②変動費－③固定費＝利益

⬇ 100Q－40Q－300,000＝？

損益分岐点では利益がゼロなので、等式の「?」を「0」にし、そのときの生産販売量を求めてみましょう。ただし、損益分岐点の生産販売量（**図2**のP）を求めようとしているので、あえて変数名をQからPに変えています。

⬇ 100P－40P－300,000＝0

⬇ 60P＝300,000

⬇ P＝5,000個

つまり、損益分岐点（利益ゼロ）の生産販売量（P）は5,000個であることが分かりました。その5,000個に販売単価100円を掛けると、損益分岐点の売上高500,000円が求まります。

⬇ 損益分岐点の売上高＝5,000個×@100円＝500,000円

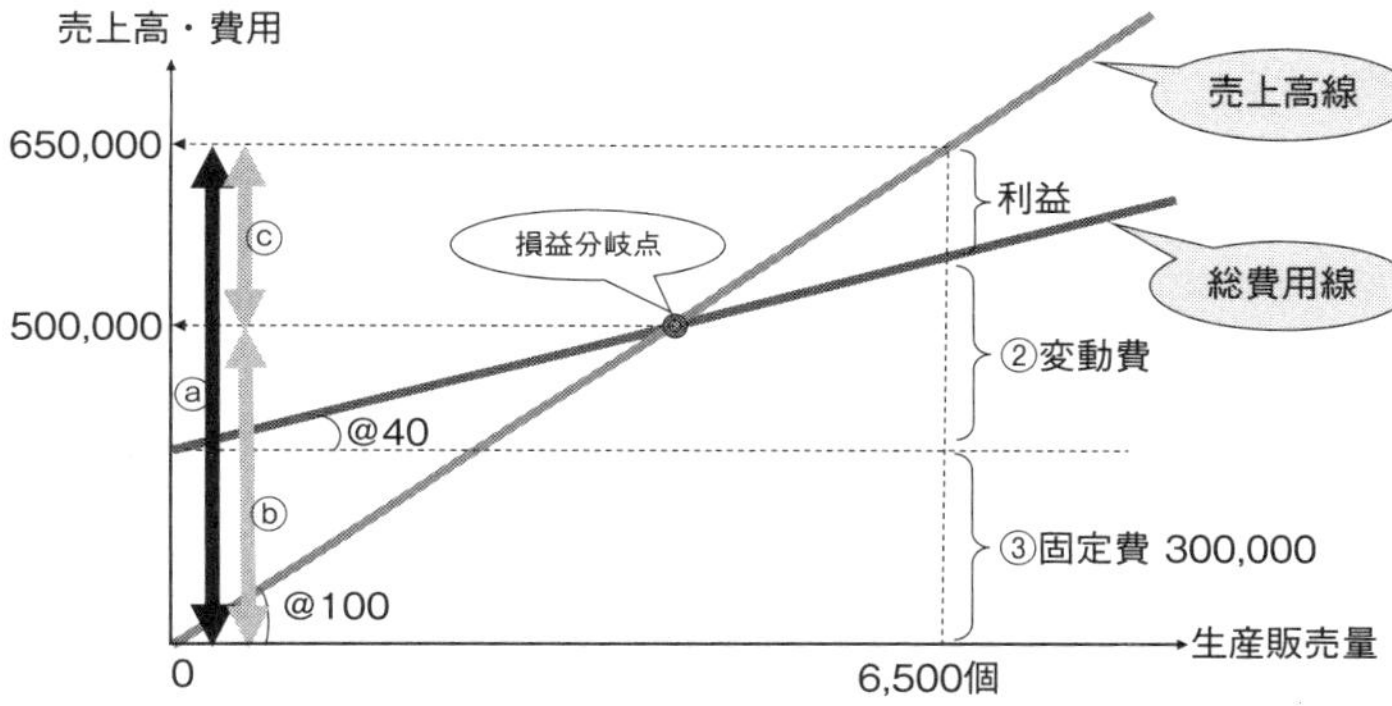

図４　損益分岐点比率と安全余裕率

以上から、街のパン屋の場合、1ヶ月に5，000個のパンを生産販売すると収支トントンの損益分岐点に達し、それより1個でも多く販売すれば利益が出るということが分かります。金額で考えると、500，000円を売り上げると損益分岐点に達し、それより売上高を増やすと利益が出るということが分かるのです。このように、CVP分析によって利益体質を分析することで、損益分岐点を把握することができますが、これは会社経営における重要な指標となりえます。

4　安全余裕分を把握する

前節において損益分岐点を確認したので、ここではもう一つの重要指標である安全余裕分の分析について考察してみましょう。仮に、街のパン屋の今月の売上高が650，000円だとすると、そのときの生産販売量は6，500個（650，000円÷販売単価100円）となります。

これを前節で求めた損益分岐点の売上高や数量と比較することによって、この街のパン屋の安全余裕分がどのくらいであるかが把握できます。

安全余裕分とは、損益分岐点を超えた部分の売上高や数量のことを指しています。そこで、今月の売上高（**図4**のⓐ）と損益分岐点の売上高（**図4**のⓑ）を比較することで、次のように150,000円の安全余裕分（**図4**のⓒ）を確認できます。

◆今月の売上高（ⓐ）－損益分岐点の売上高（ⓑ）＝安全余裕分（ⓒ）
⇩
650,000円－500,000円＝150,000円

これを数量で考えると、次のように、1,500個の余裕があることが分かります。

◆今月の生産販売量－損益分岐点の生産販売量＝安全余裕分
⇩
6,500個－5,000個＝1,500個

すなわち、損益分岐点までは、金額的に150,000円と数量的に1,500個分の余裕があるので、売上が今より150,000円減っても赤字にはならないということを意味します。数量的には、生産販売量が今より1,500個以上減らなければ大丈夫ということになります。

ただし、金額や販売数量などの数値は会社の規模によって異なるので、より理解しやすい指標にするために、安全余裕分を百分率で表すのが一般的です。すなわち、安全余裕分の売上高（あるいは生産販売量）が全売上高（あるいは生産販売量）の何%を占めているかを次のように求めることで、情報の価値をより高めることができるのです。この比率を「安全余裕率」と呼んでいます。

◆安全余裕率 ＝ 安全余裕分（ⓒ）÷ 今月の売上高（ⓐ）
＝ 150,000 ÷ 650,000
≒ 0.2308
＝ 23.08%

安全余裕率23.08%ということは、売上が今より23.08%落ち込んでも赤字にはならないということを意味します。しかし、街のパン屋のオーナーの立場からは、安全余裕率23.08%というのはやや不安な水準なので、少なくとも30%まで安全余裕率を引き上げたいと考えるかも知れません。また、百分率にすることで、同業他社との比較も容易になるなど、安全余裕率は会社経営のもう一つの重要な指標と言えるでしょう。

さらに、次のように、損益分岐点の売上高を今月の売上高で割った比率を「損益分岐点比率」と言いますが、この損益分岐点比率も安全余裕率と並んで会社経営における重要な指標となっています。

◆損益分岐点比率　＝　損益分岐点の売上高（ⓑ）÷今月の売上高（ⓐ）
＝　500,000÷650,000
≒　0・7692
＝　76・92％

ちなみに、損益分岐点比率と安全余裕率の和は必ず100％になるため、仮に安全余裕率が30％の場合の損益分岐点比率は70％（100％－30％）ということになります。この関係を踏まえた上で、街のパン屋は安全余裕率の目標を何％にするべきかを決定しなければならないでしょう。

5　目標とする利益を確保するための売上高を求める

これまで、損益分岐点の売上高を確認し、会社の現在の売上高には安全余裕分がどれくらい含まれているのかを分析してきました。ここでは、CVP分析によって得られるもう一つの指標について見てみましょう。この分析により、会社が目標とする利益を確保するために必要な売上高を求め、短期的な利益計画を立てることが可能となります。

もう一度、**図2**のグラフをご覧ください。グラフ上の①売上高、②変動費、③固定費の関係は、

図3のように表すことができると述べました。そして、**図3**の関係はさらに次のようなＣＶＰ等式で表すことができました。

◆①売上高 － ②変動費 － ③固定費 ＝ 利益

⬇ １００Ｑ － 40Ｑ － ３００，０００ ＝ ？

いま仮に、街のパン屋のオーナーが、翌月の利益目標を２１０，０００円に設定したとしましょう。この２１０，０００円の利益を達成するために、翌月は売上高をいくらまで上げなければならないのでしょうか。また、その場合の費用はどのくらい発生するのでしょうか。この問いへの答えは、右記のＣＶＰ等式の「？」を「２１０，０００」にすることで簡単に求められます。損益分岐点の売上高を求めるときには、「？」を「０」にしましたが、ここでは「？」を目標とする利益金額である「２１０，０００」にすることに注意し、販売量Ｑを求めてみましょう。

⬇ １００Ｑ － 40Ｑ － ３００，０００ ＝ ２１０，０００

⬇ 60Ｑ ＝ ５１０，０００

⬇ Ｑ ＝ ８，５００個

つまり、目標利益210，000円を達成できる生産販売量（Q）は8，500個であることが分かります。その8，500個に販売単価100円を掛けると、目標利益210，000円を達成するために必要な売上高850，000円を求めることができるのです。

⬇ 目標利益を確保するための売上高 ＝ 8，500個 × @100円 ＝ 850，000円

以上から、街のパン屋の場合、8，500個を生産販売すると、オーナーが目標としていた210，000円の利益が確保できるということが分かります。金額で考えると、850，000円を売り上げると210，000円の目標利益が確保できるということです。そのときの変動費は340，000円（8，500個×@40円）で、固定費は300，000円なので、費用総額は640，000円となります。このように、CVP分析を用いることで、目標利益を確保するための利益計画が立てられるのです。

6 複数製品のCVP分析

街のパン屋の例で、1個100円の菓子パンの他に、1個200円の食パンを同時に販売しているとしたらどうでしょうか。ここでは複数製品のCVP分析について取り上げることにします。仮に、街のパン屋において、CVP分析の3要素等が次のとおりだとしましょう。

◆ＣＶＰ分析の３要素とセールス・ミックス
・販売単価：菓子パン１００円、食パン２００円
・変動費単価（変動費率）：菓子パン40円、食パン80円
・固定費：３００，０００円／月
・セールス・ミックス➡菓子パン：食パン＝３：１の割合で販売されている。

セールス・ミックスは過去の販売実績からある程度正確に把握できるはずですが、今後もその割合には大きな変化はないという仮定が必要です。もしもこの仮定が成り立つのであれば、「菓子パン３個＋食パン１個」をワンセットで販売しているものとみなし（実際にこのセットで販売されているということではない）、このワンセットの販売価格と変動費単価を次のように求めます。

・セットの販売単価：５００円（←菓子パン１００円×３個＋食パン２００円×１個）
・セットの変動費単価：２００円（←菓子パン40円×３個＋食パン80円×１個）
・固定費：３００，０００円／月

あとはこれらのデータをＣＶＰ等式に代入し、これまでのＣＶＰ分析と同様の分析を行えばよい

のです。まずは損益分岐点を求めてみましょう（ただし、ここではQが生産販売セット数を表す）。

◆①売上高－②変動費－③固定費＝利益

⬇ ５００Q－２００Q－３００，０００＝？

損益分岐点では利益がゼロなので、等式の「？」を「０」にし、そのときの生産販売セット数Qを求めてみましょう。

⬇ ５００Q－２００Q－３００，０００＝０

⬇ ３００Q＝３００，０００

⬇ Q＝１，０００セット

つまり、損益分岐点（利益ゼロ）の生産販売セット数Qは１，０００セットであることが分かります。その１，０００セットにセット販売単価５００円を掛けると、損益分岐点の売上高５００，０００円を求めることができます。

⬇ 損益分岐点の売上高＝１，０００セット×＠５００円＝５００，０００円以上から、街のパン屋の場合、「菓子パン3個＋食パン1個」のセットを1，000セット生産販売すると収支トントンの損益分岐点に達し、それより1個でも多く販売すれば利益が出るということが分かります。金額で考えると、500，000円を売り上げると損益分岐点に達し、それより売上高を増やすと利益が出るということが分かるのです。では、損益分岐点における菓子パンと食パンの生産販売量は各々何個になるのでしょうか。ワンセットの中身が「菓子パン3個＋食パン1個」となっているので、これが1，000セット売れると損益分岐点に達するということは、菓子パン3，000個（菓子パン3個×1，000セット）、食パン1，000個（食パン1個×1，000セット）が販売されたときに損益分岐点に達するということを意味しています。

このように、複数製品の場合にも損益分岐点を求めることができました。安全余裕分の分析や目標利益を確保するための利益計画なども、同様の方法でCVP分析による分析が可能ですので、ぜひ一度試してみてください。なお、複数製品を対象とした分析においては、CVP分析の他にもいくつかの精緻《せいち》な分析手法が活用されています。制約条件下での利益最大化を目的とした線形計画法(Linear Programming）もその一つですが、本章ではその説明は省略することにします。

7　損益分岐点と損益分岐点比率の引き下げ

ここまで、人の健康診断にも似た、会社の健康診断とも言える利益体質の分析を行いました。健

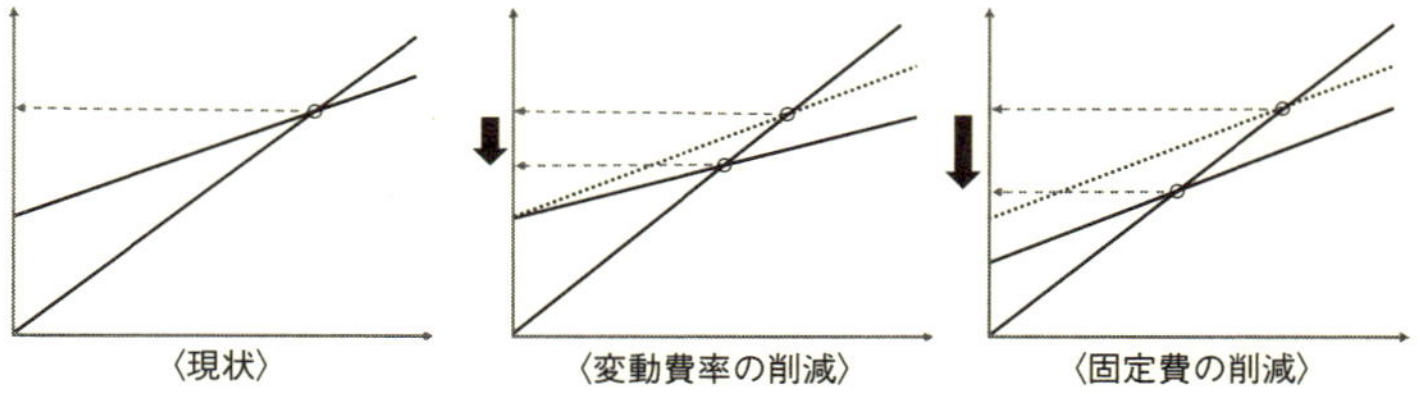

（ただし、横軸は生産販売量、縦軸は売上高・費用を表す）

図５　損益分岐点の引き下げ

康診断の指標の中に血糖値というものがありますが、これがあまり高すぎると糖尿病に発展しかねません。それとよく似たものが会社の場合は損益分岐点や損益分岐点比率であると言えます。これらが高すぎると会社が赤字に転落し、もとの状態に戻れなくなる恐れがあるからです。健康診断の結果、血糖値が高いという結果が出た人は、健康管理のために意識的に血糖値を下げる努力をしていかなければなりません。同様に、損益分岐点が高い、あるいは損益分岐点比率が高いという結果が出た会社は、利益管理のために意識的に損益分岐点や損益分岐点比率を下げる努力をしていく必要があります。血糖値を下げる方法としては、炭水化物を多く含んだ食べ物を控えるとか、毎日適度な運動をするとか、禁煙・禁酒を実践するなどの方法が考えられます。これと同様に、会社の損益分岐点や損益分岐点比率を下げる方法として、変動費単価（変動費率）の削減、固定費の削減などが考えられます。

図５のグラフは、変動費率と固定費を削減することによって損益分岐点や損益分岐点比率が引き下げられる様子を視覚的に表したグラフです。いずれを削減した場合も、損益分岐点は確実に下がって

いることが分かります。損益分岐点や損益分岐点比率を下げることは、すなわち安全余裕分や安全余裕率を上げることなので、会社が健康な利益体質になるためには損益分岐点や損益分岐点比率の引き下げは必要不可欠と言えるでしょう。

8 むすび

事業承継によって引き継いだ会社を持続・成長させるために、まずはその会社の利益体質を把握しておくことが必要です。本章ではその方法として、ＣＶＰ分析によって得られる三つの指標に注目しました。そして、まず、自社の損益分岐点の売上高はいくらかを確認し、次に安全余裕分と安全余裕率を把握することによって、利益体質のチェックを行いました。その結果を踏まえ、目標とする利益を確保するために必要な売上高はいくらかという観点から、短期的な利益計画を行いました。これらは、人の健康診断とその処方にも似たものです。

もっとも、ＣＶＰ分析はマネジメントのための会計、すなわち管理会計の一つの手法に過ぎません。管理会計の分野では、近年、バランスト・スコアカード（ＢＳＣ）というマネジメント手法が注目されています。ＢＳＣは、財務の視点、顧客の視点、業務プロセスの視点、学習と成長の視点といった四つの視点から経営戦略の策定と実行を支援するマネジメント・システムであり、事業承継によって引き継いだ会社においてもＢＳＣは大いに効果を発揮できるのではないかと思われます。また、予算管理や原価管理をはじめとするさまざまな管理会計の手法も多くの企業において実践され、有効に機能しています。事業承継をさらに確実なものにするために、経営者はこれらのマネジメント・システムに関する知識をしっかりと身に付ける必要があるでしょう。

参考文献

加登豊編（2008）『インサイト管理会計』中央経済社。

加登豊・李建（2011）『ケースブック　コストマネジメント〔第2版〕』新世社。

櫻井通晴（2008）『バランスト・スコアカード―理論とケース・スタディ―〔改訂版〕』同文舘出版。

櫻井通晴（2012）『管理会計（第五版）』同文舘出版。

谷武幸（2013）『エッセンシャル管理会計（第3版）』中央経済社。

門田安弘編（2008）『管理会計レクチャー〔基礎編〕』税務経理協会。

XI

事業承継とＩＴの有効活用

追手門学院大学経営学部准教授、博士（工学）　中野　統英

1　はじめに

今回、「事業承継とＩＴの有効活用」というテーマで講義を依頼されました。このテーマの授業でよくある内容は「コンピュータ」、「ネットワーク」、「Ｅビジネス」あるいは「データベース」などです。ただ前記のキーワードに関する講義や講演会などは既に聞いている人も多いと思われます。

そこで、今回は仕事をするときに使うＩＴ機器の中でも意外と知らないコピー機、プリンタおよびスキャナの有効活用についての講義をします。具体的には誕生からの歴史、構造、分類などについての話をします。現在、大学やコンビニなどで見かけるコピー機の形になったのは、実は１９９０年代です。

2 現在のコピー機—スキャナとプリンタ

（1）コピー機の構造とスキャナについて

現在のコピー機は、フラットベッドスキャナとプリンタが一体になった構造のものがほとんどです。これをデジタル式コピーといいます。FAX機能やLAN上でネットワークプリンタとして使うためのインターネット接続機能がついているものもあり、スキャナやプリンタ機能を単体で使用できる機種もあります。コンビニのコピー機を思い浮かべるとわかると思われますが、下がプリンタになっており、その上にスキャナが乗っている構造です。デジタル式以外に、もちろんアナログ式コピーもありますが、それは後で説明します。

まずイメージスキャナの話をします。イメージスキャナとは、イラストや写真などの画像データをデジタル化してコンピュータに入力する装置です。スキャナというと、多くの人がコンビニにあるコピー機の上に乗っているフラットベッドスキャナを思い浮かべると思われます。これは原稿をガラス版の上に載せ、下から光を当てて画像を記録する装置です。他には原稿をドラムに巻きつけて高速で回転させヘッドの走査で画像を入力するドラムスキャナや、カメラの写真フィルム専用のフィルムスキャナなどがあります。

ここではフラットベッドスキャナを用いてイメージスキャナの動作原理を説明します。イメージスキャナはイラストや写真の画像データをイメージセンサでデジタル化してコンピュータに入力するための装置、つまり画像をデジタルデータに変換する装置のことです。ここでコンビニにあるコピー機の上部を想像しましょう。まず原稿をガラス板に載せて、下から光を当てて画像を記録します。そのときに光が動いているのが見えますが、あれはランプやミラーのついた画像入力部が動いている状態です。実は原稿をイメージセンサでとらえるためにはデジタルカメラで画像を撮影するときと同様、原稿とイメージセンサとの間にかなりの距離が必要になります。画像入力部が動くのはその距離を稼ぐためです。このとき、同時に画像はイメージセンサによって読み取られ、画像のデジタルデータがプリンタ部に送られます。

(2) プリンタについて

プリンタとは、パソコンなどの処理結果やデータを印刷する装置のことです。一般にコピー機やプリンタの速度は1分間当たりに印刷できる原稿の枚数であるｐｐｍ（pages per minute）で表されます。ちなみにコンビニに置いてあるコピー機は大体20～40ｐｐｍの印刷速度です。またカラー出力の場合は黒以外にシアン、マゼンタおよびイエローの3原色インク、またはトナーを使うことが多いです。プリンタの種類のうち、一般用でよく使われているものとしてはインクジェットプリンタとレーザープリンタがあります。この二つは次で詳しく説明します。他にはプリンタにはビデオプリンタなどで用いられているインクシートを用いた熱転写プリンタや、お店のレシート印刷に使われる感熱紙を用いた感熱プリンタなどがあります。

まずインクジェットプリンタについて説明します。インクジェットプリンタは、ヘッドにある微細管から微細な水滴状態のインクを用紙に吹き付けて印字するプリンタです。特にカラープリンタの中では低価格になるので個人向けのプリンタや複合機はほとんどがインクジェット式です。レーザープリンタに比べてスピードや画質が劣る傾向にありますが、最近ではインクや専用紙などの改良でかなり改善されています。

次にレーザープリンタの説明をします。レーザープリンタの動作原理は少々複雑なので、箇条書きの形で説明を行います。[1,2] 具体的には左記のとおりです。

①帯電：感光ドラムにマイナスの静電気を帯びさせます。

②露光：感光ドラムにレーザー光で印刷したいパターンを照射します。そうするとその部分のみ静電気がなくなります。

③現像：トナーはマイナスに帯電され、感光ドラム上の静電気が除かれた部分に付着します。

④転写：コピー用紙をトナーの付着した感光ドラムに近づけ、用紙の裏から用紙をプラスの電気に帯電させると、マイナスのトナーはドラムから用紙に転写しトナーは静電気で用紙に付着します。

⑤定着：定着ローラで熱を加えつつ押しつけることでトナーを用紙に定着させます。

⑥クリーニング：感光ドラム上のトナーは１００％転写されて紙に移るわけではないので、感光ドラム上の残ったトナーを回収して次回の動作に備えます。

基本的な動作原理は昔のアナログ式コピー機も同様です。特徴としては印字の品質が高く、印字速度も速いことが挙げられ、主にオフィスなどで利用されています。一方構造上コストが高くなりますが、最近では家庭用の安価なものも普及しています。

3 カラープリンタ

(1) カラープリンタの色について

カラープリンタでは、色の表現法としてトナーやインクにシアン（Cyan）、マゼンタ（Magenta）、イエロー（Yellow）およびキー・プレート（Key Plate、黒のこと）の4色を用いるカラーモデル（CMYKカラーモデル）が採用されています。[3] これはプリンタなどの印刷機で黒色をより美しく表現する目的があり、インクジェットプリンタでは画質向上のためにライトシアンやライトマゼンタなどといった中間色を追加してインクの色数を増やす場合が多いです。

(2) カラーレーザープリンタのしくみ

インクジェットプリンタの場合、インクのカートリッジを並列に並べるだけでよいので構造的にはモノクロプリンタと大差はありませんが、カラーレーザープリンタの場合は構造が複雑になります。カラーレーザープリンタの構造には左記の2種類があります。

①ロータリー現像方式：感光ドラムを一つですませ、使用するトナー色の数（CMYK）分の現像機構を並べる方式のこと。印刷に時間がかかるがコストを抑えることができます。

②タンデム現像方式：トナーの色数だけ感光ドラムと現像部分を並べる方式のこと。印刷速度がモノクロ機とあまり変わらないメリットがありますが、機構部分が大きくなりコストがかかります。

4 コピー機の歴史および構造

(1) 電子写真とアナログコピー機

前述したレーザープリンタやデジタルコピー機に用いられている複写技法は電子写真、またはゼログラフィと呼ばれ、乾式複写技法の一つです。[1,2] これは1938年に米国の物理学者・発明家・弁理士だったチェスター・カールソンが発明した乾式複写技法のことであり、現在の複写機やプリンタのベースになった原理です。この機構で作成された複写機はPPC（Plain Paper Copier）、または普通紙複写機とも呼ばれます。PPC以外には後述するジアゾ式複写機があります。

乾式複写技法については、まずドイツのゲオルグ・クリストフ・リヒテンベルクが静電印刷の基本原理を1778年に発明しました。カールソンは静電印刷に写真を組み合わせて乾式複写技法を発展させ、電子写真を開発しました。カールソンが開発した電子写真は現在のデジタル式コピーではなくアナログ式コピーです。これまで説明してきたデジタル式コピーはイメージセンサで画像をデジタルデータとして読み込み、このデータをもとにしてレーザーを発生させることによって感光ドラムに画像を書き込む方式です。一方のアナログ式コピーは原稿に当てた光の反射光をミラーに反射させながら感光ドラムのある場所まで誘導し、この反射光を用いて直接感光ドラムに画像を書き込む方式です。アナログ式の場合、原稿の読み取り部と電子写真の部分が一体になるので、機械全体のサイズが大きくなりやすいという欠点があります。また1枚の原稿から複数枚のコピーをとる場合には、コピーする枚数と同じ回数だけ原稿をスキャンする必要があり、複写に時間がかかります。現在のコピー機はほとんどが1990年代に開発されたデジタル式コピー機ですが、それ以前はアナログ式コピー機が用いられていました。

(2) コピー機の歴史および特許

ここでコピー機の歴史を振り返ります。[4,5] 主なトピックは左記のとおりです。

- 1778年　リヒテンベルクが乾式静電印刷法を発明
- 1842年　イギリスのジョン・ハーシェルが青写真を発明
- 1920年　ドイツでジアゾ式複写機が発明
- 1927年　理化学研究所で紫紺色陽画感光紙が発明
- 1938年　カールソンが電子写真を発明
- 1942年　カールソンが電子写真で米国特許を取得
- 1951年　小型事務用ジアゾ式複写機が発売
- 1959年　世界初の事務用PPCが開発

1942年にカールソンが電子写真で米国特許であるUSPを取得していますが、この特許を使用してPPCを製造していたのはゼロックスおよびゼロックスの関連会社と提携会社のみでした。この特許が切れた1970年あたりからキヤノンやリコーなど、多くのメーカーがPPCに参入しました。

(3) ジアゾ式複写機について

ここでジアゾ式複写機について述べます。基本原理はドイツで開発されましたが実用化は日本で行われ、1951年にコピア(現キヤノンファインテック)が世界初の小型事務用ジアゾ式複写機を発売しました。ジアゾ式複写機は1980年代まではよく利用されていました。現在でも大判の設計図面用に用いられています。

ジアゾ式複写機の原理を左記に示します。[4,5]

①感光：原稿とジアゾ化合物の入った感光紙である専用の複写紙を密着させ、複写機内を通過させながら紫外線を照射します。

②潜像形成：左記の感光過程で原稿の地肌部分に当たる複写紙上のジアゾ化合物を分解させることにより潜像を形成させます。すると「文字・線」が入らない背景部分に当たるジアゾ化合物が分解されてなくなります。

③現像：ジアゾ化合物が残された「文字・線」部分で化学反応により色素が生じ、発色します。現像後の複写紙の発色には青色や黒色などがありますが、青色が主流だったためにコピーされた

用紙は青焼と呼ばれました。[4,5]

（４）ジアゾ式複写機のメリットとデメリット

ここで湿式ジアゾ式複写機のメリットおよびデメリットを述べます。[4,5] まずメリットは

①ＰＰＣと異なり光学的プロセスを持たないため、光学的な収差による原稿との相違が極めて少ない

②機械の構造的にも単純でありＡ０やＡ１といった大判の複写も容易である

③ランニングコストがＰＰＣ複写機よりかなり低い

ことが挙げられます。対してデメリットは

①感光紙は、光線不透過の袋に入れて保管する必要がある

②現像後の複写紙も光線下では退色が激しいので、保管には注意を払わなければならない

③光透過性が低い本のような厚い原稿や、両面刷り原稿の複写はできない

④巻込みにより原稿を破損させる恐れがある

ことが挙げられます。

（５）電子写真による複写機（ＰＰＣ）のメリットとデメリット

対してＰＰＣのメリットとデメリットは左記のとおりです。[4] まず主なメリットは

①薬品の塗っていない普通の紙を利用できる
②複写物を長期保管しても劣化が少ない
③薬書などの厚い物や両面刷り原稿の複写もできる
④複写時の拡大や縮小ができる
⑤デジタル式の場合、大量コピーの時間が短い
となります。主なデメリットは
①端部のゆがみなどといった光学的な収差が出る場合がある
②A1以上の大判用紙への複写が可能な機種は大型かつ高価（数百～数千万円）となり一般には
　導入されていない
となります。

5　インクジェットプリンタ

（1）インクジェットプリンタの分類

ここからはインクジェットプリンタについての詳しい説明をします。インクジェットプリンタは大きく分けるとコンティニュアス型とオンデマンド型に分類できます。[6,7]

コンティニュアス型はポンプによってインクが微細管から連続的に押し出されることにより、インクが紙面に到達する方式です。印刷していないときもインクは常に連続的に噴射され、印刷に使

われなかったインクは回収されて再利用されます。印字のスピードは高速ですが構造が大がかりで小型化が難しいので、家庭用ではなく業務用の機器に利用されます。

オンデマンド型は印字時に必要な量のインク滴を吐出する方式になります。印字スピードはコンティニュアス型より劣りますが、構造が簡単で小型化やマルチヘッド化がしやすいので、家庭用のインクジェットプリンタはほとんどがオンデマンド型です。

オンデマンド型のインクジェットプリンタは注射針状の微細管から微細な水滴状態のインク滴を用紙に吹き付けて印字する原理になっており、インク滴に圧力を加える方法によりピエゾ方式とサーマル方式の2種類の方式に分けることができます[6,7]。

ピエゾ方式[6,7]は、電圧を加えると変形するピエゾ素子（圧電素子）を電圧により変形させてインクを微細管から吐出する方式のことです。1990年代にセイコーエプソンがピエゾ素子を複数用いた「マッハジェット」を開発して、カラー高画質化にいち早く成功してマーケットにおける地位も確保しました。ピエゾ方式の主なメリットは

①インク噴出量や液滴サイズを精密に制御できる
②温度などの使用環境に左右されずヘッドの耐久性も高い
③サーマル方式に比べて幅広いインクに対応可能である

であり、主なデメリットは

①インク内に気泡が混じると目詰まりが生じやすい

②ピエゾ素子を用意するためヘッド構造が複雑である

です。[6,7]

サーマル方式[6,7]は、加熱により微細管内のインクに気泡を発生させてインクを噴射する方式のことです。１９８４年にヒューレット・パッカードが世界で初めてサーマル方式のインクジェットプリンタを発売し、１９８５年にはキヤノンも自社開発のサーマル方式プリンタ「バブルジェット」を発売しました。サーマル方式の主なメリットは

①ヘッド構造が比較的単純である

②物理的機構が少なく高速化や画素の高密度化が図りやすいである。一方サーマル方式の主なデメリットは

①熱劣化の少ないインクを用いる必要がある

②同一の噴出穴でインク噴出量を調整するのが難しい

③ヘッドの寿命が短い

です。[6,7]

(2) インクジェットプリンタの歴史

ここでインクジェットプリンタの歴史を振り返ります。[6,7] 主なトピックは左記のとおりです。

・１８６７年　英国のケルヴィンがインク滴に対する荷電実験を行う。これがインクジェットプ

リンタ開発の起源とされる
・１８７９年　コンティニュアス型の基本となる液滴生成理論が発表される
・１９５０年代　当時西ドイツのジーメンスが液圧搬送、微細管吐出のコンティニュアス型プリンタの特許を公開
・１９６０年代　実用的なオンデマンド型のインクジェットの研究が進められる はじめにピエゾ素子を用いたピエゾ方式が考案され、のちにセイコーエプソンがピエゾ方式のプリンタを商品化した。ただし短所の克服に時間がかかったため、本格的な商品化は１９８０年代となる
・１９７０年代　サーマル方式が考案
・１９８４年　ヒューレット・パッカードがサーマル方式のインクジェットプリンタを発売。またセイコーエプソンも本格的なピエゾ方式の本格的なインクジェットプリンタを発売
・１９８５年　キヤノンがサーマル方式プリンタをＢＪ-80として発売
・１９９０年　キヤノンが普及タイプのサーマル方式ノート型プリンタＢＪ-10ｖを発売。これにより一般個人ユーザーにもインクジェットプリンタが浸透し始める
・１９９６年　セイコーエプソンが写真画質を売りにしたピエゾ方式プリンタＰＭ-７００Ｃを発売。これによりインクジェットプリンタの普及に拍車をかける

ちなみにセイコーエプソンはピエゾ方式の特許を取得しており、キヤノンはサーマル方式の特許を取得していました[8]。ヒューレット・パッカードの成功に刺激を受けたこの2社がインクジェット機構の革新に注力し、その後他のメーカーが開発競争に加わりました[8]。

6 結言

実際に事業承継をされて会社を経営する方々が何人もいると想像するのは難しくないでしょう。もし将来、自分がコピー機、プリンタやスキャナなどを会社などで購入する際に、本章の話を頭へ入れておくと、業者の言いなりになることなく必要な機能の付いた機器を賢く購入することができると思われます。コピー機やプリンタは会社には必ず必要なものですが、本章で説明した知識をもとにして賢明な機種選択ができるようになれば幸いです。

また途中には記しませんでしたが、コピー機およびプリンタ業界の利益構造について少しだけ述べておきます。もちろんコピー機やプリンタを販売したりリースしたりすればそれなりの収入は得られますが、実は消耗品の販売収入もかなり大きなものとなります。レーザープリンタや電子写真方式のコピー機ではトナー、感光ドラムやＰＰＣ用紙などで、インクジェットプリンタやインクジェットの複合機ではインクや純正の専用紙で、それぞれ大きな利益を上げることができます。つまり、コピー機やプリンタは他の多くの家電機器のように販売時のみ利益が出るのではなく、ユーザーが使えば使うほど消耗品によって利益を生み出すことのできる商品なのです。家庭用のインクジエットプリンタや複合機が近年大変安価になっていますが、これは本体以外にも純正インクや専用紙などで利益を上げることができることも理由の一つであると思われます。

最後に、途中で何度か言及した特許をはじめ著作権、商標権などといった知的財産権には必ず注意するべきです。特に自分の会社の工場などで新しいものを作ろうとか新しい機構を考えようとかしている人は、特許というものを少しでもいいので頭に入れておくことをすすめます。やはりオリジナルなアイデアは先に特許などでしっかり押さえておかないといけません。自分が先に考えたアイデアでも、他人が先に特許などを出してアイデアを押さえてしまうと、相手に権利が生じるのであとから文句が言えなくなります。最近は特許以外にも商標などでも同様にもめることもあるので、特許を含めた知的財産権のことを普段から頭に入れておいてほしいと願っています。

参考文献および資料

1　日本画像学会編　平倉浩治・川本広行監修『電子写真―プロセスとシミュレーション―』、東京電機大学出版局、２００８年、7～10頁。

2　ウィキペディアホームページ　日本語版『ゼログラフィ』
http://ja.wikipedia.org/wiki/%E3%82%BC%E3%83%AD%E3%82%B0%E3%83%A9%E3%83%95%E3%82%A3（最終アクセス２０１５年1月20日）。

3　日本画像学会編『続　電子写真技術の基礎と応用』、コロナ社、１９９６年、1～29頁。

4　ウィキペディアホームページ　日本語版『複写機』

http://ja.wikipedia.org/wiki/%E8%A4%87%E5%86%99%E6%A9%9F（最終アクセス２０１５年1月20日）。

5　ウィキペディアホームページ　日本語版『青焼』
http://ja.wikipedia.org/wiki/%E9%9D%92%E7%84%BC（最終アクセス２０１５年1月20日）。

6　日本画像学会編　藤井雅彦監修『インクジェット』、東京電機大学出版局、２００８年、1～29頁。

7　ウィキペディアホームページ　日本語版『インクジェットプリンタ』
http://ja.wikipedia.org/wiki/%E3%82%A4%E3%83%B3%E3%82%AF%E3%82%B8%E3%82%A7%E3%83%83%E3%83%88%E3%83%83%E3%83%8
3%97%E3%83%AA%E3%83%B3%E3%82%BF%E3%83%BC（最終アクセス２０１５年1月20日）。

8　絹川真哉『防衛的特許出願のオープン・イノベーション効果：インクジェット特許の分析』、法と経済学会　２０１３年度（第11回）全国大会（２０１３年6月）、6～7頁。

XII 事業承継と株式

追手門学院大学経営学部准教授　岡崎　利美

1　小説にみる事業承継問題

２０１４年にドラマ化された池井戸潤の小説『ルーズヴェルト・ゲーム』のなかには、事業承継問題がみられます。主人公たちが勤める会社は、現会長が１９６６年に創業した、高い技術力に定評がある電子部品製造会社です。高齢となった創業者は２年前に実質的に引退し、親族ではない、戦略コンサルタントだった人が社長に就任し、跡を継ぎました。現在は金融危機後の急速な景気悪化のあおりを受け、業績が悪化しているものの、後継者である現社長は優れた経営者です。後継者選びという点では、この会社の事業承継は成功したと言えるでしょう。

問題は、資金力のあるライバル企業から経営統合の提案を受けたことで露見します。非上場企業である主人公たちの会社の株式は、創業者である会長が約3割所有し、残りは創業したころに会社を支援するために出資してくれた人々、もしくはその相続人である10人程度の大株主たちによって所有されています。ライバル企業は、経営統合に成功すれば高い技術力を手に入れられるばかりでなく、強力な競争相手を一つ消滅させることができるわけですから、必死です。経営者が統合に前向きでないとわかると、株主たちに接触し、会社が経営統合し上場すると、株主は莫大なキャピタルゲインを得られると説得します。この説得は効果的でした。優良企業といえども非上場企業である限り、株式はたいしたお金にはなりません。かつて創業者との個人的なつながりから出資を決めた株主であれば、自分の利益を犠牲にしても、会社の危機を救おうとしたかもしれません。しかし代替わりした株主たちには、会社や創業者への特別な思い入れや強い情があるわけではありません。株主たちの意見は、統合賛成へと傾きます。

問題を整理しましょう。ここでは、幸運にも優れた後継者を得られたにもかかわらず、経営統合という会社にとってきわめて重要な事案について、経営者には決定権がありません。そしてこれまで会社経営に関与せず、また会社の将来についても関心のない株主たちに、会社の運命がゆだねられることになったのです。

現実の会社で起こっていることは、小説ほどドラマチックではないでしょう。しかし同様の事態は実際に充分起こりうることです。そして現実であれば、小説のような救世主は現れず、会社は買収され、実質的に消滅してしまうでしょう。

優れた後継者が、安定した経営権を確保する方法はないのでしょうか。

2　会社にとって株主とは

小説のなかで会社の命運を握った株主とは、会社にとって一体どのような存在なのでしょうか。株主とは、株式の所有者のことを指します。株式は出資の見返りに発行されるので、最初の株主は、株式会社に出資した人です。また、自分が直接会社へ出資していなくても、他の株主から株式を譲渡されて所有すれば、株主になれます。

株式会社は、株主が出資したお金を元につくられています。つまり会社は株主のお金でできているので、会社は株主のものとされ、株主は会社の所有者とみなされます。株主が会社の命運を握るのは、所有者だからなのです。

ただし会社は株主とは別個の独立した存在で、会社の名前で経済活動を行っているので、普通の所有物のように持ち主が好きにできるわけではありません。株主は会社の所有者ですが、会社の活動を妨げないように、株主の権利は、通常の所有者の権利に比べるとかなり制限されています。

株主の権利は、会社法第105条によって定められています。剰余金の配当を受ける権利、残余財産の分配を受ける権利、株主総会における議決権の三つです。多くの株主にとって重要なのは、一つ目か三つ目の権利でしょう。

一つ目の権利、剰余金の配当を受ける権利から順に説明していきましょう。会社から分配される配当は、株式に投資する大きな目的です。魅力的な配当が期待できる場合には、その会社の株主となる動機となります。

配当は貸付に対して支払われる利息と似ていますが、配当は受取額が変動するという特徴があります。利息は会社が破綻しない限り、経営状態にかかわらず、あらかじめ決められた日に決められた金額が支払われます。他方、配当は剰余金から支払われるので、利益がなければ配当されません[1]。配当される場合も、その金額は約束されておらず、利益の大きさによって変わります。一見すると株主にとって不利な条件にみえるかもしれませんが、利息と違って、大きな利益があるときには大きな配当が期待できます。

このように利益の大きさによって配当が変動することは、株主が会社のビジネスリスクを第一に負担していることを意味します。企業努力にかかわらず、会社の業績には波があります。売上が減少しているときは支払いも減らしたいものですが、業績が悪化しても、取引先や金融機関などへの支払いを勝手に減額することはできません。給料も同様です。ボーナスを減額したり、残業時間を制限して残業手当を減らそうとしたりしますが、給料の基本的な部分を削ることはできません。しかし株主に対する配当は減らしたり、なしにしたりすることができます。株主への支払額を変動させることは、会社の業績変動の波を一部ならす効果があるのです。

二つ目の権利である残余財産の分配を受ける権利ですが、これを利用する機会はそれほど多くありません。残余財産とは、会社を解散する際、すべての債務の支払いを終えて残った財産のことです。そもそも会社はゴーイング・コンサーン、すなわち事業継続を前提としているので、解散は例外的な状況です。しかも会社を解散する最多の理由は経営破綻ですから、たいていは債務超過におちいっていて、残余財産がありません。たとえ帳簿上は債務超過でなくても、会社の資産の評価額は取得価格をもとに算出されるものなので、実際に売れる価格ではなく、すべての資産を売却しても期待外れの金額にしかならないことが多いでしょう。

ただし、計画的に会社を解散する場合には、資産の処分についても時間をかけてより良い方法を検討できるでしょうから、残余財産が充分に大きくなる可能性があります。今後は深刻な経営状態の悪化が予想されるため、財務状態が健全なうちに、経営者の引退などにあわせて会社を廃業するようなケースです。そのときは残余財産の分配を受ける権利によって得られるものは大きくなるでしょう。

三つ目の権利は、株主総会における議決権です。この権利は一つ目の剰余金の配当を受ける権利とともに、株式投資の目的となるもので、事業承継とも深く関わってくる部分です。では株主総会における議決権で、株主は何ができるのでしょうか。

株主総会はことばどおり株主たちの総会で、最低年1回は開かれ、そこで会社の重要な意思決定を行います。株主総会では「株式会社の組織、運営、管理その他株式会社に関する一切の事項について決議することができる[2]」のですが、すべて株主総会で決めていては時間がかかり、非効率的なので、実際には経営に関するほとんどの意思決定は、取締役や取締役会、代表取締役などにゆだねてしまいます。それでも株主たち以外には決められないことや、株主の総意を確認せずに決められないことがあるので、会社法では株主総会で決議する事項を規定しています。

株主総会の決議事項は五つのカテゴリーに分類することができます。①会社の基礎ないし営業に根本的な変動を生じる事項、②機関の選任、解任、③計算に関する事項、④経営陣による権限濫用の危険が大きい事項、⑤株主の重要な利益に関する事項です[3]。

①には、定款の変更や会社の合併、解散などが含まれます。これらは会社の在り方に関わることですから、人任せにはできず、会社の所有者である株主自身で決定しなければならないのです。②で使われている「機関」は、日常ではあまり聞き慣れないことばですが、ここに取締役が含まれます。株主総会で取締役が選ばれるのです。そして多くの会社では、取締役で構成される取締役会で、代表取締役が選任、解任されます。①はきわめて重要なことですが、会社の在り方に関わるような一大事が頻繁に起こるわけでありませんので、通常の株主総会で決める最も重要なことは、取締役の選任だといってよいでしょう。

ここで、経営者と呼ばれる取締役、代表取締役の役割について、整理しておきましょう。株主総会で選任された取締役たちは、取締役会の構成員となります。取締役会の主たる役割は、重要な業務執行に関して意思決定することと、取締役会で選任した代表取締役を監督することです。会社法第362条2項では取締役会の職務として、①会社の業務執行の決定、②取締役の職務の執行の監督、③代表取締役の選定及び解職の三つを挙げています。

一方、代表取締役の役割は、会社の代表権をもち、業務執行を行うことです。代表取締役が行った行為は、対外的に会社が行った行為として認められます。代表取締役は一人とは限らず、代表取締役社長のほかに、多くの会社に代表取締役会長がいます。また、大企業になると副社長、専務、常務なども代表権をもつことがあります。私たちが「会社のトップ」と聞いたときに想像する人々が、代表取締役だと言えます。

ところで、ここまで読んで、おやっと思ったかもしれません。株主が、取締役や代表取締役である社長や会長を選ぶ。――社長や会長が、次の社長を決めるのだと思っていませんでしたか。あるいは会社を舞台としたドラマや小説のなかで、社長や会長が怪しげな笑みを浮かべながら、味方につけたい人物の耳元で、「そろそろ君を取締役にと考えているのだよ……」と囁くシーンを見たことがありませんか。

冒頭でふれた小説『ルーズヴェルト・ゲーム』でも、現社長を選んだのは、前社長でした。現実の世界でも、多くの会社では、社長や会長が、単独で、あるいは後継者を選ぶ会議で主導的な役割を果たしながら、次期社長や次期取締役を選んでいます。それは現在の経営者が株主総会に議案として提出する次期代表取締役および取締役の候補者を株主たちが否決することがほとんどなく、経営者の決定がほぼ自動的に株主総会で承認される会社が多いからなのです。

もちろん例外があります。現在の経営者が選んだ代表取締役や取締役の候補者を支持できないと考える株主が、違う候補者を提案することがあります。そして株主総会における投票の結果、株主が提案した候補者が次期経営者に決まることもあります。株式の大量取得や買収などによって株主が大きく入れ替わった会社では、経営者は総入れ替えになるのが一般的です。

もの言う株主の少ない日本では、株主が会社の所有者で、会社にとって重要な意思決定を行う存在だと意識することはあまりないのですが、会社の節目では、株主が決定的な役割を果たします。事業承継の際も、株主たちが後継者を承認する決議が必要となります。

3　株主平等の原則について

ここまで株主の権利を三つ挙げて説明してきましたが、株主の権利に関しては一つの重要な原則があります。会社法第１０９条１項に定められた「株式会社は、株主を、その有する株式の内容及び数に応じて、平等に取り扱わなければならない」というルールで、株主平等の原則と呼ばれます。１株当たりの配当や残余財産は等しく分配され、株主総会では１株につき１票の議決権が与えられます。[4] 明快でシンプルなルールです。

株主平等の原則は、株主の権利に関して、株式取得の経緯、取得価格、所有期間、会社への貢献度など、さまざまな状況や事情を一切考慮しないということでもあります。例えば、株主のなかには、会社そのものには関心がなく、その株式を買えばもうかると思って所有している人たちもいますし、その会社の理念や行動に共感し、会社を支えたいという思いから株式を取得したありがたい株主も、いわゆる乗っ取り目的で株式を買い占める株主もいます。あるいは相続財産のなかに株式が含まれていたため、非自発的に株主となった人もいるでしょう。いずれも株主として、等しい権利をもちます。

取得価格も、株主の権利には無関係です。1000円で買っても、その後株価が暴落した時期に200円で買っても、1株は1株です。

さらに権利確定日の時点での株式所有者に株主の権利が与えられるので、10年以上所有し続けていても、確定日のときだけ株式を所有し、その後直ちに売却するつもりでも、同じ1株として扱われます。長年の顧客に対して、割引や特典などのいろいろな優待を設けるのは、ビジネスの世界では当たり前のことです。10年来の常得意が一見のお客さんとまったく同じ扱いをされたら、不満に思うでしょう。さらにその長年の顧客が、会社が苦しいときに資金援助に応じて会社を救ってくれたとしたら、会社が復活してから束の間だけ関わろうとする人と同じ扱いにすることは、むしろ信義に反すると感じるかもしれません。でも株主に関しては、全く平等に扱うように法律で定められているのです。

それには理由があります。もともと株式会社は、大きな資本を必要とする事業者が、多くの人からお金を集めるために考えられた仕組みです。株式会社の起源は、大航海時代に高リスク高リターンな大事業を営んでいた東インド会社だと言われています。その後、株式会社が本格的に発展する契機となった運河事業や鉄道事業も、限られた数の資産家からお金を集めるだけではとても足りない、長期間にわたり巨額の資本を必要とするビジネスです。つまり株式会社は、価値観も目的も異なる多くの人が関わっても、スムーズに運営できるようにつくられているのです。

そのために、ルールは明快でシンプルであることが必須条件です。1株当たりの権利が等しいという株主平等の原則はそれを満たすものです。株式取得の経緯、取得価格、所有期間、会社への貢献度など、さまざまな状況や事情を一切考慮しないことが実質的に不公平なこともあるでしょうが、大勢の利害関係を調整して、みんなが納得するような結論に至ることはまず不可能といってもよいでしょう。それならば誰にでもわかるシンプルなルールを適用することは、透明性を高め、長期的には深刻なトラブルを回避することになります。

日本企業で最も株主数が多い会社は第一生命保険でおよそ91万人、2番目はみずほフィナンシャルグループで86万人です[5]。株式会社の基本的な仕組みは、そのような巨大企業であっても、中小企業であっても同じです。ですから中小企業にとっては、使い勝手のよくないところがあります。巨大企業では必須だったシンプル過ぎるルールもその一つです。限られた人数の株主しか関わらない中小企業では、それを固守する必要はないでしょう。少人数の株主の間では、大企業では切り捨てざるを得なかったさまざまな状況や事業を考慮しても、合意に達する可能性が充分あるからです。

4 事業承継と株式所有

事業承継では、後継者が従業員や取引先などの関係者に経営者として受け入れられ、経営者の役割を果たす、実質的な職務の引き継ぎとともに、その裏付けとなる代表取締役や取締役などの地位の引き継ぎも大切です。取締役や代表取締役には任期がありますので、後継者が一定期間経営者であり続けるためには、任期満了時に再任されることも必要です。

実質的な職務の引き継ぎと地位の引き継ぎとは別物です。経営を引き継いだ後継者の地位が最も安定するのは、後継者が自分で経営者になれるときです。後継者が議決権の過半数を所有していれば、後継者は株主総会で自分を経営者に選ぶことができます。重要議案では3分の2以上の賛成を必要とすることもありますので、全株式の3分の2以上を確保できればさらに経営の安定性は高ります。

そのため、事業承継でトラブルが少ないのは、3分の2以上の株式をもつオーナー社長のひとりっ子が会社を継ぐケースだと言われます。相続税の支払いにあてる換金性の高い資産があれば、事業承継はさらにスムーズになるでしょう。

後継者となる子供以外にも子供がいる場合には、配慮と慎重な手当てが必要になります。会社を継ぐことは、必ずしも喜ばしいこととは限りません。経営状態が思わしくない会社を託された場合には、火中の栗を拾うという心意気で引き受けたかもしれません。それでも会社は財産の一つであり、ひとりだけがその株式の多くを譲り受けることは、遺産相続の際に火種となる可能性がありす。たとえ後継者を選んだときに、兄弟姉妹がそれに合意していたとしても、です。時間が経過すると、会社の経営に関わらないことには合意したけれど、相続の放棄にまで合意したわけではないと思うようになることがあるからです。ほかの子供の分として、後継者に譲渡した株式に相当する額の資産を残すことができればよいのですが、そうでなければ、相続問題がこじれないように充分に話し合い、相続人全員がなんとか合意できる方法をみつけなければならないでしょう。

事業承継前から株式が分散している場合も、後継者の地位は不安定になりがちです。現在の経営者が少数の株式しか所有していなければ、すべてを後継者に譲り渡しても、経営権を安定させるのには不充分な議決権しか確保できないからです。

非上場企業では、多くの場合、経営者やその家族以外の株主は、親族や親しい友人・知人、取引先など、経営者が出資を頼めるような近しい関係の人が大半を占めます。ですので、現在の経営者は株主との人間関係に基づく支持が期待できるため、株式が分散していても、あまり神経質にならずにすむかもしれません。しかし株式を譲り受けた後継者は、その良好な関係まで自動的に引き継げるものではありません。安定した経営権のためには、可能であれば、後継者は過半数の株式を買い集めたいところでしょう。

そのためには、相応の資金が必要になることは言うまでもありません。それに加えて、非上場企業の株式の売買には煩わしさが伴います。取引価格の交渉です。証券取引所で成立した株価がリアルタイムで公表される上場株式と異なり、非上場株式には「株価」がありません。会社の所有する資産の価値や利益額などから算出したり、同業で類似する規模の上場企業があれば、その株価を参考にしたりしながら、売買価格を交渉することになりますが、明確な評価基準があるわけではないので、売り手と買い手の評価が大きく食い違い、交渉が難航することがあります。

ところで、最近は子供や親族以外の人が後継者となることも増えています。今でも適当な人材が子供や親族のなかにいなくてやむを得ずということが多いのでしょうが、子供がいても会社を継がなかったり、あるいは継がせなかったりすることもあります。

適当な後継者がみつからず、今後の展望も暗い会社であれば、廃業というのも一つの選択肢です。しかし従業員や取引先などとの関係で廃業が難しかったり、事業を継続する価値のある会社であれば、従業員から後継者を選んだり、会社を買ってくれそうな同業者や取引先企業などを探すことになります。この場合、他人が会社を譲り受けることになりますので、経営権の確保のために株式を買い取る必要性は子供が跡を継ぐときよりもさらに高くなりますが、相続分がないので、株式取得の金額が大きくなります。

たとえ中小規模の会社であったとしても、個人で、一つの会社を買い取るということは金銭的に大きな負担でしょう。他人が跡を継いでもよいと考える価値ある会社であればなおさらです。株式の評価額が高くなり、後継者が準備しなければならない金額は個人で用意できる範囲を大きく越えるかもしれません。

客観的に評価して、将来性の高い有望企業であれば、後継者や従業員には、投資ファンドから資金を募って会社を買い取る、ＭＢＯ（Management Buyout）やＥＢＯ（Employee Buyout）という選択肢もあります。会社の独立を守りたいけれど、経営権を掌握するのに必要な株数を買い集める資金をもたない後継者や従業員にとって、投資ファンドのもつ資金力は魅力的です。一方、投資ファンドにとっては、後継者や従業員が少なからぬ額の自分のお金を会社に投資しているので、そうでない場合よりも一生懸命働くことが期待できます。そういう点で双方にメリットがある手法なのですが、比較的小規模な非上場企業を対象とするＭＢＯやＥＢＯは、日本ではまだわずかです。小口で高リスクの投資を行う投資家や投資ファンドがみあたらないためですが、投資を受け入れる会社側にも赤の他人のお金を入れることへの抵抗感が根強く残っているのかもしれません。

ここまで、経営者が安定した経営権を確保するのに、少なくとも過半数の株式を所有する必要があるかのように話してきましたが、果たしてそれは正しいのでしょうか。

東京証券取引所では、流通株式と呼ばれる「大株主及び役員等の所有する有価証券並びに申請会社が所有する自己株式など、その所有が固定的でほとんど流通可能性が認められない株式を除いた有価証券」が上場株等の30％以上であることを、株式上場の形式要件として定めています[6]。つまり上場企業では、特定の株主が株式の大半を所有するのは不適切な状態とされるのです。

株式が不特定多数の投資家に保有されている状況では、経営者の地位は安泰とは言えません。上場企業の株式は誰でも容易に売買できるので、ある日突然株主の顔ぶれが一変し、何の落ち度もないのに経営者の地位を追われることがあります。経営者を選ぶ権利は株主にあるからです。

それに対し、経営者にできる最も有効な防衛策は、企業価値を高め、株主を満足させる利益を分配することだと言われます。有能な経営者を交代させると、自分の利益が減ってしまうので、合理的な株主はそんなことは避けようとするだろうという理屈です。

もちろん実際には株主が誤って無能な経営者を選んでしまうこともありますし、特定の株主が悪意をもって有害な経営者を送り込むことも皆無ではありません。しかし上場企業では厳格な情報開示が義務づけられ、株主だけではなく、一般の投資家やアナリストたちも関心をもって会社をみているので、長期的には株主の誤った意思決定は修正される可能性が高いと言えるでしょう。

では、それは非上場の中小企業でも当てはまるのでしょうか。企業価値を高めて、株主を満足させる利益を分配することが最大の防衛策であるというのは、中小企業にも共通するものでしょう。経営を誤ると地位を追われるという適度なプレッシャーは、経営者の堕落を防ぐよい刺激ともなります。

しかし非上場企業では、株式は少数の株主に保有されているので、特定の株主の影響を受けやすくなります。多数の株主のなかでは埋没してしまう数人の利己的な発言や非合理的な行動でも、少数の株主しかいない会社では、一定の影響力をもち、経営を混乱させる危険性があります。肥大化した自己愛をもつ野心家や、相続に端を発した骨肉の争いの前では、正論は無力です。それを考えると、非上場企業では、経営者が経営権を掌握できるだけの議決権を確保しておきたいと考えるのは自然なことでしょう。

5　種類株式の利用

後継者が経営権を掌握するために必要な分の株式を取得しようとすると、ネックとなるのが資金です。
例えば、会社の評価額（＝企業価値）が2億円、負債が5000万円、発行済み株式数が1000株だとします。このとき経営権を確保するために必要な金額はいくらになるでしょうか。

まず、企業価値が2億円なので、株主たちは、2億円の会社を共同で所有していることになります。ただし負債がありますので、将来5000万円の支払いが発生します。そのため株主の持ち分は、2億円から支払いにあてる金額を差し引いた分、すなわち、2億円－5000万円＝1億5000万円となります。株主平等の原則より、1株当たりの株主の権利は等しくなるので、1億5000万円を1000株で均分すると、1株当たりの持ち分は、1億5000万円÷1000株＝15万円です。これが株式の評価額です。

過半数の議決権を確保するために必要な株式数は501株です。その購入価格は、15万円×501株＝7515万円となります。これが安定した経営権を確保するための金額です。

この金額を削減する方法はないのでしょうか。実は裏ワザがあります。裏ワザといっても、会社法に規定されている公正な手段です。種類株式と属人的株式で、どちらも株主の権利に関して特別な扱いを定めた株式です。

種類株式とは、権利内容が異なる株式のことです。会社法第108条1項には、現在発行の認められている9種類の種類株式が列挙されています。種類株式を発行するとき、それらと区別するため、株主の権利に特別な条件をつけない普通の株式は「普通株式」と呼ばれます。

議決権の確保のために最もよく利用されるのが、配当優先規定を設けた議決権制限あるいは無議決権種類株式です。無議決権種類株式は文字どおり、株主の権利のうち、株主総会における議決権がまったくない株式ですが、議決権制限種類株式は一部の決議事項についてのみ議決権を行使できない株式です。取締役や監査役などの役員の選任・解任についての議決権だけを制限しておけば、それ以外のことについては意思決定に関わる権利は残されます。

一方、剰余金配当に関する優先規定を設けた株式も種類株式の一つで、旧商法の頃から配当優先株と呼ばれ、利用されてきました。配当優先株が発行されていれば、株主に利益を分配するとき、最初に優先株の所有者へあらかじめ定められた額まで配当が支払われ、その後で普通株式の所有者に分配されます。ですから充分な利益がなければ、普通株式への配当額は少なくなってしまいますし、優先株への配当だけで利益がなくなってしまうこともあります。同じ会社の株式を所有していても、優先株をもつ株主と普通株式をもつ株主とでは、受け取る配当額が違ってくるのです。

配当優先規定を設けた議決権制限あるいは無議決権種類株式（以下、無議決権優先株）は、２種類の種類株式を組み合わせたもので、株主の権利である議決権を放棄する見返りとして、優先的に配当する条項を付けたものです。少数の株式しか保有していなければ、議決権を行使しても大勢に影響を及ぼさないので、株主が議決権を行使しないことがあります。[7] そのような株主には、配当を増やすことを条件とした無議決権株式は受け入れやすいものでしょう。

さて、先ほどの例に戻りましょう。今度は１０００株の株式のうち半分が無議決権優先株だとします。議決権のある株式は、普通株式の500株だけです。過半数の議決権を確保するためには、普通株式を251株所有すればよいことになります。つまり安定した経営権を手に入れるために必要な金額を半減させることができます。

ただし経営者となったあとには、優先株500株分の、あらかじめ定めた金額の配当金支払いが待っています。配当は、債券の利息のように、経営状態が悪いときでも必ず支払わなければならないものではありません。しかし無議決権優先株の配当は、議決権を放棄する見返りとして約束したものですから、充分な配当ができなければ株主の不満は募るでしょう。

経営者には配当支払いのプレッシャーがかかりますが、無議決権優先株の活用は、配当目的で株式を所有している株主と、少ない資金で議決権を確保したい後継者との利害が合致した、双方にとってメリットのある方法と言えるでしょう。

その他に、事業承継において有効な種類株式には、拒否権付株式や役員選任・解任権付株式があります。拒否権付株式とは、通常の株主総会や取締役会での決議に加えて、拒否権付株式をもつ株主だけで構成される株主総会での決議を必要とすることを定めた株式で、黄金株とも呼ばれます。

拒否権付株式はとても強い効力をもっています。1株だけ発行された拒否権付株式を保有していれば、株主総会や取締役会でどれだけ多くの賛成を得た議案でも、否決してしまえるからです。あまり多くのことに拒否権を与えると、会社の経営が拘束されるので、通常は特定の事項に限定しています。

役員選任・解任権付株式は、その株式を所有している株主で構成される株主総会の決議だけで、取締役や監査役を選任あるいは解任できると定めた株式です。つまりこの株式の所有者だけで、取締役や監査役を決めることができます。

拒否権や役員選任・解任権を行使すると、普通株式を所有する株主の議決権は実質的に無効となります。拒否権付株式や役員選任・解任権付株式は、1株だけ発行して所有すれば、その事項についての議決権を独占できることから、わずかな資金で経営権の安定を確保する手段として、非常に強力な武器となります。

しかしながら、無議決権優先株とは異なり、議決権を放棄する見返りを支払わずに、他の株主から一方的に議決権を奪うことになります。しかもこれらの株式を所有する経営者が暴走したとき、他の株主たちにはそれを止める究極の方法、経営者の交代という選択肢が残されていません。効果は大きいけれど、使い様によっては大きな危険を伴うものだと言えるでしょう。

なお、海外では多議決権株式がよく利用されます。1株につき複数の議決権のついた株式です。例えば、1株につき10個の議決権がついていれば、多議決権株式を1株所有するだけで、普通株式10株分と同じ議決権を得られます。拒否権付株式や役員選任・解任権付株式ほど強力ではありませんが、普通株式を所有する株主の権利を希薄化するという点では、同じ効果をもちます。

6 属人的株式の利用

会社法では、株主平等の原則にかかわらず、第109条2項で、非公開会社は、株主の権利に関する事項について、「株主ごとに異なる取扱いを行う旨を定款で定めることができる」としています。株主ごとに権利の内容が異なる株式なので、属人的株式と呼ばれます。

事業承継の際に後継者が充分な数の株式を所有できないとき、例えば、定款に「当社の代表取締役が有する株式は、1株について100個の議決権を有する」と定めておけば、後継者は1株で、他の株主の100株分に相当する議決権をもつことができます。1株で複数の議決権がついた株式という点で、前述の多議決権株式と同じ効果をもちます。

一方、属人的株式では、種類株式とは違い、株式が譲渡されたときに、現在の株主の権利は次の株主へ引き継がれません。株式に権利がついているわけではないからです。属人的と呼ばれる所以です。種類株式であれば普通株式と同じように、株式の譲渡に伴い、現在の株主のもつ権利はそっくりそのまま次の株主へ移転します。特定の人に特別な権利を与えたい場合には、予期せぬ株式の移転に伴って想定外の人に特別な権利が移ってしまう危険性のある種類株式よりは、権利を行使できる人を明確に特定できる属人的株式を使う方が安全かもしれません。

属人的株式は元々有限会社で認められていたものです。2006年に有限会社制度が廃止され、株式会社制度に吸収された折に、属人的株式の規定が会社法に取り込まれました。有限会社は中小規模の会社を想定してつくられており、出資者の人数も限られるので、出資者の合意によって決定できることが株式会社よりも多くありました。属人的株式もその一つです。

属人的株式は、種類株式よりも自由度が高く、会社の状況に応じて柔軟に設計することができるので、使い勝手がよいようにみえますが、公にされている属人的株式の使用例や、判例等の蓄積が少ないため、実際に導入するとどうなるのかは未知数です。

最後に事業承継の際に種類株式や属人的株式を利用することについて、私の考えを述べておきたいと思います。

後継者が経営者として安定した地位を確保する手段として、これらの株式は有効です。事業承継のときにはさまざまなあつれきが生じますし、会社のなかも動揺しがちです。そのうえ法的な地位まで不安定というのは避けたい状況に違いありません。後継者が経営に専念するために、議決権の確保によって一定期間経営者の地位を保証することが必要ならば、種類株式や属人的株式は利用する価値があります。

ただし長期的にわたって使用することは避けた方がよいのではないでしょうか。第一の理由は、株主平等の原則は、尊重すべき優れたルールだと思うからです。確かに、株主平等の原則は、一面では、杓子定規で融通のきかないルールです。さまざまな状況や事情を考慮して、株主の間で交渉し、利害調整すればもっとよい結果が出ることがあるでしょう。しかし明快なルールには、恣意的な判断を排除する効果があります。いろいろなことを考慮して例外を重ねていくと、一つ一つの例外はそれぞれの時点で最適な状態をつくり出すために決定したことなのに、全体としていびつな形に制度を歪ませてしまうことがあります。

株主平等の原則は、株式会社の長い歴史のなかで変わらず使われてきたルールです。いつも最良の結果をもたらす万能のルールではないけれど、平均すれば、他の方法よりはずっとよい結果をもたらしてきた証なのではないでしょうか。

期間限定がよいと考える二つ目の理由は、一定期間を経ても株主の信任を得られない経営者であれば、交代もやむなしと思うからです。事業承継直後は、前の経営者のやり方が浸透しているので、後継者はなかなか自分の思うようにできないでしょうし、自分の実力が発揮できるようになっても、結果が出るまでには時間がかかります。その前に後継者が評価され、経営者の地位を追われるのは、後継者にとっても、株主にとっても好ましいことではないでしょう。

またその期間に、後継者は株式を買い集める資金を工面し、他の株主に自分に売却するよう説得できるかもしれません。株式の過半数を取得できれば、種類株式や属人的株式は不要になります。

こうした時間的な余裕が与えられた後でも、株主たちが後継者を経営者として支持できないと判断するのであれば、それはもはや事業承継の問題とは言えないでしょう。会社の所有者である株主たちの、経営者を選ぶ権利を阻害する正当な理由はないと考えます。

注

1 今期は赤字でも、過去の剰余金を積み立ててあれば、そこから配当することは可能です。ただし剰余金以外から配当することは禁じられています。
2 会社法第295条1項。
3 宍戸善一（2006）『日経文庫ベーシック　会社法入門（第5版）』91頁参照、日本経済新聞社。
4 正確には、1単元株につき1票の議決権が付与されます。
5 2014年10月31日現在。
6 東京証券取引所『新規上場ガイドブック2014　市場第一部・第二部編』参照。
7 賛成派と反対派が拮抗するとき、少数株主のもつ議決権が決定権を握ることがあります。日本ではあまりみられませんが、アメリカでは、多数派工作のために賛成派、反対派の双方が少数株主に対し、自分の側に議決権行使にかかる委任状を提出するよう働きかけるプロキシーファイト（Proxy Fight：日本語では委任状争奪戦と訳される）が派手に展開され、世間の注目を集めることがあります。

参考文献

池井戸潤（2014）『ルーズヴェルト・ゲーム』講談社。

河合保弘・杉谷範子・鈴木健彦・天谷暁子・宮本潔（2010）『中小企業の経営承継』日本加除出版。

後藤みや子、合同会計未来財務監修（2014）『オーナー社長のための事業承継15の戦略』幻冬舎メディアコンサルティング。

宍戸善一（2006）『日経文庫ベーシック　会社法入門（第5版）』日本経済新聞社。

柴田和史（2006）『ビジュアル株式会社の基礎（第3版）』日本経済新聞社。

KPMG税理士法人大阪事務所（2009）『実践解説　事業承継プロジェクト―問題解決の選択肢とケーススタディ―』清文社。

XIII

事業承継における新株予約権

追手門学院大学経営学部准教授、博士（経済学）　山下 克之

1　はじめに

事業承継の問題点[1]のうち、相続財産の分配や相続税等の資金負担などの対策として、実務書を中心にストック・オプション以外の新株予約権を用いる事例が紹介されています。本章におきましては、それらの事例に基づいて事業承継における新株予約権の利用についての考察を試みます。

考察にあたりましては、新株予約権の会社法上の位置付けや会計処理や税務についての概要を把握し、新株予約権への理解を深めます。次に事業承継において新株予約権を用いる事例について具体的に検証をします。これらを通し、今後、事業承継の問題につき新株予約権の利用を含め適切な対応策の検討ができる素地を育むことを本章の目的としています。

2　会社法における新株予約権

新株予約権の経済的実質は、原資産を株式とするコール・オプション（太田・山本・豊田2012（5頁））です。平成13（2001）年11月の商法改正により新株予約権制度が導入される以前は、転換社債における株式への転換権、新株引受権付社債における新株引受権、新株引受権方式のストック・オプションなど限定的にしかオプションの発行が認められておらず、オプションの単独発行は認められていませんでした。[2]

平成13（2001）年11月の商法改正により新株予約権制度が導入されました。同法において、新株予約権とは、これを有する者が会社に対してこれを行使したときに、会社が新株予約権者に対して新株を発行し、又はこれに代えて企業の有する自己株式を移転する義務を負うというものであると定められています（平成13年改正商法280条ノ19第1項）。平成20（2008）年6月成立の会社法におきましても改正前商法における新株予約権制度はそのまま本質を変えることなくほぼそのまま引き継がれており（太田・山本・豊田2012（9頁））、新株予約権の内容、発行、譲渡、行使、消滅などが定められています（会社法236～294条）。

新株予約権制度の導入以降は、資金調達手段としての利用、ベンチャー企業の資本政策としての利用、M&Aでの利用、敵対的買収防衛策としての利用、ストック・オプションなど従業員等に対するインセンティブの利用など活用方法が広がっています（荒井・大村2013（2～4頁））。これらの例は公開会社において用いられており、企業の情報開示を通して仔細なスキーム等実態を伺い知ることができます。一方、相続財産の分配や相続税等の資金負担など、おもに非上場企業のいわゆる同族企業における事業承継の問題点への対策としても制度導入後の新株予約権を活用する事例が税理士などの実務家による解説書を中心に紹介されています。[3]

3　新株予約権に関する会計と税務上の評価

(1)　貸借対照表の純資産の部における表示

平成17（2005）年12月9日に企業会計基準第5号「貸借対照表の純資産の部の表示に関する会計基準（以下会計基準5号）」および同適用指針第8号「貸借対照表の純資産の部の表示に関する会計基準等の適用指針（以下適用指針8号）」が公表され、新たに純資産の部が設けられ（会計基準5号（par.21））、新株予約権は純資産の部の株主資本以外の項目に区分されました（会計基準5号（par.7））。新株予約権が権利行使の有無が確定するまでその性格が確定しないこと、返済義務のある負債ではないこと、株主とは異なる新株予約権者との取引であり、株主に帰属するものでなく株主資本とは区別することなど（会計基準5号（par.22、par.32））が述べられ、新株予約権は負債でも株主資本でもないものとして定義されています。[4]

（2）新株予約権の会計処理と評価

会計基準5号および適用指針8号が公表された後の同年同月27日に企業会計基準第8号「ストック・オプション等に関する会計基準（以下会計基準8号）」および企業会計基準適用指針11号「ストック・オプション等に関する会計基準の適用指針（以下適用指針11号）」が公表されました。会計基準8号および適用指針11号は、主としてストック・オプション取引の会計処理及び開示を明らかにすることを目的としています（会計基準8号（par.1））が、それ以外の企業が財貨又はサービスの取得において対価として自社株式オプションを付与する取引も範囲としており（会計基準8号（par.3））、ストック・オプションとして用いられる以外の新株予約権の会計処理も同基準等に拠って定められています。したがって、本章でみる事業承継に用いる新株予約権の会計処理も同基準に拠るものになります。

取得した財貨又はサービスの取得価額は、対価として用いられた自社株式オプション（又は対価として用いられた自社の株式）の公正な評価額若しくは取得した財貨又はサービスの公正な評価額のうち、いずれかより高い信頼性をもって測定可能な評価額により算定することとされています（会計基準8号（par.14（2）、par.15（2））。

付与時のオプションの評価については、会計基準8号等では、ブラック・ショールズ式や二項モデル等による「公正な評価単価」を求めていますが（会計基準8号（par.48））、未公開企業においては「単位当たりの本源的価値」と読み替えてこれを適用する（会計基準8号（par.13））とされており、会計上は本源的価値に基づく評価が許容されています。

本源的価値による評価が許容されており、本源的価値をゼロ以下とし無償で新株予約権を付与することで、会計上認識しないことができますが、事業承継において新株予約権を用いる事例では、後述するように税務上のリスクを考慮し新株予約権を一定評価し、その取得の対価を現金としており、適用指針11号の設例6を参照すると以下の会計処理が会社側でされることになります。

【付与時】　（借方）現金（新株予約権取得に対する払込）　（貸方）新株予約権
【権利行使時】　（借方）新株予約権
現金（権利行使に拠る払込）　（貸方）資本金

(3) 新株予約権の税務上の評価

事業承継時に用いることを想定している税制非適格の新株予約権においては、次節の「4　新株予約権に関する税制上の分類」で述べますように、付与時課税がされないためには時価で付与することが必要であり、付与時の新株予約権の評価を公正な評価により行うことが必要です。

所得税制上の非公開企業の新株予約権の付与時評価に関しましては、国税不服審判裁決（平20・11・7東裁（所）平20-71）におきまして、公開企業におけるストック・オプションと同様に本源的価値とされています。[5]

本源的価値評価算出のために必要となる取引相場のない株式の評価方法は財産評価基本通達に拠り「類似業種比率」、「純資産価格方式」、「配当還元方式」のいずれかの採用か併用によって株価を算出することになります（緑川２００４（88～92頁）[6]）。

4 新株予約権に関する税制上の分類

新株予約権は税制上の観点では、「税制適格」、「税制非適格で譲渡不可能」、「税制非適格で譲渡可能」の三つの様式に分かれると考えられます[7]。

(1) 税制適格

「税制適格」の新株予約権は、役務の提供にかかる費用の対価として新株予約権を発行したとき（法人税法第54条）に用いられる、いわゆるストック・オプションです。この税制適格ストック・オプションでは、被付与者については、付与時非課税（所得税法施行令第84条）、権利行使時非課税（租税特別措置法第29条の2）、株式譲渡時に譲渡価格と権利行使価額（租税特別措置法施行令第19条の3第12項）の差額に対して株式の譲渡益として課税されます（租税特別措置法第37条の10）。

過去の税制改正に拠り、租税特別措置法上の優遇措置を満たす要件は変更されてきており、現在における税制適格要件は以下のとおりです。

①新株予約権は、金銭の払込（金銭以外の資産の給付を含む）をさせないで発行されたものであ

ること（租税特別措置施行令第19条の３第１項）。

②付与対象者は、新株予約権発行会社と子会社の取締役、執行役、使用人およびそれらの権利承継相続人[8]（大口株主および大口株主の特別関係者[9]を除く）（租税特別措置法第29条の２）。

③権利行使期間は付与決議の日後２年を経過した日から当該付与決議の日後10年を経過する日までの間に行わなければならないこと（租税特別措置法第19条の２第１項１号）。

④年間権利行使限度額は千二百万円以内（租税特別措置法第29条の２第２項）。

⑤新株予約権の１株当たりの権利行使価額は、付与契約締結時における株式時価以上であること（租税特別措置第29条の２第１項３号）。

⑥新株予約権については、譲渡禁止（租税特別措置第29条の２第１項４号）。

(2) 税制非適格で譲渡不可能

譲渡不可能であり、権利行使に拠らなければ利益を享受できません。このような新株予約権は、被付与者は、権利行使時に権利行使日における株式の時価と新株予約権の発行価額と権利行使時の払込価額との合計との差額に対して課税がされます（所得税法施行令第84条第３号）。権利行使時の所得区分については、新株予約権の発行法人の付与目的、被付与者との関係に応じて所得区分を判定することにされており（所得税基本通達23～35共６）、給与所得、雑所得、事業所得に分けられます[10]。株式譲渡時には、株式の譲渡価額と権利行使価額との差額に対して株式の譲渡益として課税されます（租税特別措置法37条の10）。なお、新株予約権が時価で発行されたときは所得税法施行令第84条第3号の規定の適用がなく、付与時、行使時[11]ともに課税されず、株式譲渡時に譲渡益として課税されます（所得税法施行令第１０９条第１項１号４号）。

(3) 税制非適格で譲渡可能

新株予約権の付与時に付与時の価額と発行価額との差額に対して課税されます（所得税法第36条2項及び所得税基本通達36-36）。したがって、新株予約権が時価で発行されたときは付与時課税されません。権利行使時には、課税されず、権利行使に拠って取得した株式の譲渡時に譲渡価額と取得価額との差額に対して株式の譲渡益として課税されます（租税特別措置法施行令第19条の３第12項及び租税特別措置法37条の10）。なお、譲渡した株式の取得価額は、新株予約権の取得価額と権利行使価額の合計額となります（所得税法基本通達48-6の2）。

5 事業承継における新株予約権活用事例

事業承継において新株予約権を利用する事例が実務書を中心に紹介されています。これら事例においては、生前贈与をした場合におけるオーナーの生前時の経営権の不安定化や、相続時の株価引き下げによる税の軽減を目的に新株予約権を用いるとされています。

本節におきましては、事業承継において新株予約権が利用される事例について考察を行うにあたりまして、まず、新株予約権を利用しない場合として、オーナー死亡後会社株式を相続する場合と株式の生前贈与による対策を行う場合を取り上げます。次に新株予約権を用いて対策を行う場合を取り上げ比較します[12]。なお、本考察は新株予約権の活用の基本的な考え方を見るものであり、考察にあたっては多くの仮定を使用しており実際の場合においてはより仔細な想定や税務の専門家による対応が必要です。特に将来の会社の利益見込みや相続時期は不確実性が非常に高く留意しなければならない点であると思われます。

（1）会社株式を相続する場合と株式の生前贈与による対策を行う場合

表にあるサンプル計算に見られるように、想定した事例では「ケース１：会社株式を相続する場合」に比べて「ケース２：株式の生前贈与による対策を行う場合」の方が支払う税額を削減することが可能となります（事例では、11億１８２０万円から９億７３１７万５千円へ）。しかしながら、これら事例では継続的な税引後利益による純資産の増加を前提としており、おもに経営状況に拠り純資産の額が変化し、それに応じて相続税や贈与税の額が変動します。仮に本事例「ケース２：株式の生前贈与による対策を行う場合」のように、生前贈与により税額を減額できたとしても、生前贈与による対策については、継続的な税引後利益による純資産の増加に伴い株式の評価額を下げることはできず節税には一定の限界があり、また、現経営者の持株割合の低下による経営不安定化への対応といった課題が残ります。

（2）新株予約権を活用する場合

これらの課題に対処すべき方法として「ケース3：新株予約権を活用する場合」があります。新株予約権は行使時期をプログラム上随意に定めることができることによって経営権の移動の時期を柔軟に決めることができ、また、継続的な税引後利益による純資産の増加すなわち評価株価が上昇した場合でも、その影響を受けることはありません。さらに将来の企業業績にかかわらず株式の取得資金の額が確定できるといった面もあります。

この事例で用いることを想定している新株予約権は税制適格のいわゆるストック・オプションではなく、税制非適格なものとなります。税制適格要件では、付与対象より大口株主および大口株主の特別関係者を除くとされており、また、年間権利行使限度額は千二百万円以内であり、事業承継には適しません。よって、事例では、税制非適格で、かつ、付与時の価額を適正な時価で発行したものとしています。この場合は、付与時および権利行使時ともに課税されることはありません。

新株予約権の会計処理で述べたとおり、未公開企業の新株予約権の評価においては本源的価値が認められていますが、税務上株価評価が適切になされる必要があります。荒井・大村（2013（552～553頁））では、無償で新株予約権を発行することは税務上有利発行とみなされるリスクがあると考えられるとして、権利行使価額（＝新株予約権発行時の1株当たり純資産価額）の5％で新株予約権を発行としています。本節の事例「ケース3：新株予約権を活用する場合」においても、付与時の新株予約権の評価は権利行使価額（＝新株予約権発行時の一株当たり純資産価額）

の5%としています。

事例の表にあるサンプル計算では、新株予約権を用いることで「ケース1：会社株式を相続する場合」や「ケース2：株式の生前贈与による対策を行う場合」に比べ税負担総額を軽減することができます。一方、付与時および権利行使時に払込のための資金負担が相続人に生じます[13]。

なお、サンプル計算では毎期利益が生じることによる結果として、純資産の増加および純資産が少ないときに設定した権利行使価格による権利行使後の1株当たりの希薄化、希薄化による相続財産の圧縮を想定していますが、利益が想定どおり増えず相続時に純資産が増加していない場合、希薄化効果はなく新株予約権による相続財産の圧縮効果が活用できません。また、新株予約権発行時に払い込んだ資金が戻ってこず、さらにその払い込んだ資金が相続財産の対象となるといったことが生じます。

6 まとめ

事業承継時において、新株予約権を用いることで、現経営者の持株割合の低下による経営不安定化への対応が可能となります。さらに相続財産の圧縮ができる可能性があることを事例により見ましたが、増益基調であることが前提であり企業の収益状況を見据えて対策を考える必要があり、また、新株予約権の付与時の時価評価については、課税対象となる事態が想定され税務リスクが伴います。

新株予約権を事業承継に用いるのは、一般的には非公開会社であり、利用会社からの開示により、具体的な利用スキームを入手することは困難です。現状、新株予約権を事業承継に用いるスキームについては、簡易化した一般的な事例を事業承継に関する助言を行っている実務家による書籍等に拠っています。企業において抱える事業承継の問題は、株主構成、オーナーの年齢や健康状態、後継者の人数、企業の財務状況や収益状況、オーナーや後継者の個人資産状況等千差万別であり、一般化することは困難であり、本章で扱った事例などに基づき、事業承継税制の適用緩和も考慮のうえ個別の対応が求められます。

表　サンプル計算*1

下記ケース１から３に共通する設定：５年経過後相続と仮定、５年間毎期税引後利益２億円、当初会社純資産12億円、発行済株式数100、当初オーナー持株100株、後継者（相続人）１人

ケース１：会社株式を相続する場合　　単位：千円（株数は１株）

	税引後純利益	純資産	発行済株式数	１株あたり純資産	オーナー持株	後継者持株	相続株式数	相続税額
基準年	－	1,200,000	100	12,000	100	0	0	0
１年後	200,000	1,400,000	100	14,000	100	0	0	0
２年後	200,000	1,600,000	100	16,000	100	0	0	0
３年後	200,000	1,800,000	100	18,000	100	0	0	0
４年後	200,000	2,000,000	100	20,000	100	0	0	0
５年後	200,000	2,200,000	100	22,000	100	0	0	0
相続	－	2,200,000	100	22,000	0	100	100	1,118,200
							税額合計	1,118,200

相続税計算明細（税率等は相続税速算表より）

課税財産　ア	2,200,000
基礎控除　イ	30,000
法定相続人１×600万円　ウ	6,000
エ＝イ＋ウ	36,000
課税遺産額　オ	2,164,000
取得割合　（法定相続１人）カ	100%
税率　キ	55%
控除額　ク	72,000
相続税　ケ＝（オ×カ×キ）－ク	1,118,200

ケース２：株式の生前贈与による対策を行う場合（共通する設定に加えた設定：オーナー持株を毎年度10株後継者（相続人）へ贈与）　単位：千円（株数は１株）

	税引後純利益	純資産	発行済株式数	１株あたり純資産	オーナー持株	後継者持株	贈与株式数	贈与株式評価額	贈与税額（A）	相続株式数	相続税額（B）	（A）＋（B）
基準年	—	1,200,000	100	12,000	100	0	0	0	0	0	0	0
１年後	200,000	1,400,000	100	14,000	90	10	10	140,000	69,995	0	0	69,995
２年後	200,000	1,600,000	100	16,000	80	20	10	160,000	80,995	0	0	80,995
３年後	200,000	1,800,000	100	18,000	70	30	10	180,000	91,995	0	0	91,995
４年後	200,000	2,000,000	100	20,000	60	40	10	200,000	102,995	0	0	102,995
５年後	200,000	2,200,000	100	22,000	50	50	10	220,000	113,995	0	0	113,995
相続	—	2,200,000	100	22,000	0	100	0	0	0	50	513,200	513,200
											税額合計	973,175

ケース２（続き）

贈与税計算明細（税率等は贈与税速算表より。暦年課税、特例税率を適用）　単位：千円

	１年後	２年後	３年後	４年後	５年後
贈与財産　ア	140,000	160,000	180,000	200,000	220,000
基礎控除　イ	1,100	1,100	1,100	1,100	1,100
基礎控除後ウ（アーイ）	138,900	158,900	178,900	198,900	218,900
税率　エ	55%	55%	55%	55%	55%
オ（ウ×エ）	76,395	87,395	98,395	109,395	120,395
控除額　カ	6,400	6,400	6,400	6,400	6,400
贈与税キ（オーカ）	69,995	80,995	91,995	102,995	113,995

相続税計算明細（税率等は相続税速算表より）

課税財産　ア	1,100,000
基礎控除　イ	30,000
法定相続人×600万円　ウ	6,000
エ＝イ＋ウ	36,000
課税遺産額　オ＝アーエ	1,064,000
取得割合（法定相続１人）　カ	100%
税率　キ	55%
控除額　ク	72,000
相続税　ケ＝(オ×カ×キ)－ク	513,200

ケース３：新株予約権を活用する場合（共通する設定に加えた設定：新株予約権100を後継者へ付与）　単位：千円（株数は１株）

	税引後純利益	純資産	発行済株式数	１株あたり純資産	新株予約権	新株予約権発行金額※2	権利行使による払込※3	オーナー持株	後継者持株	相続税額
基準年		1,200,000	100	12,000	100	60,000	－	100	0	0
１年後	200,000	1,460,000	100	14,600	100	－	－	100	0	0
２年後	200,000	1,660,000	100	16,600	100	－	－	100	0	0
３年後	200,000	1,860,000	100	18,600	100	－	－	100	0	0
４年後	200,000	2,060,000	100	20,600	100	－	－	100	0	0
５年後	200,000	2,260,000	100	22,600	100	－	－	100	0	0
５年後行使		3,460,000	200	17,300	0	－	1,200,000	100	100	0
相続		3,460,000	200	17,300	0	－	－	0	200	859,700
								税額合計		859,700

相続税計算明細　（税率等は相続税速算表より）

課税財産　ア	1,730,000
基礎控除　イ	30,000
法定相続人×600万円　ウ	6,000
エ＝イ＋ウ	36,000
課税遺産額　オ＝アーエ	1,694,000
取得割合（法定相続１人）　カ	100%
税率　キ	55%
控除額　ク	72,000
相続税　ケ＝(オ×カ×キ)－ク	859,700

※１．脚注12を参照。※２．新株予約権発行金額＝権利行使価額1200万円の５％の60万円と新株予約権数100の乗数。※３．付与時において発行価額、行使条件のいずれも適正な時価に拠る場合が前提であり付与時課税なし。

注

1 平成15（2003）年版中小企業白書（第3部少子高齢化・人口減少社会における中小企業第2節中小企業経営者の抱える事業承継問題）において、企業経営者の高齢化と事業承継の問題点が指摘されていました。平成20（2008）年5月には「中小企業における経営の承継の円滑化に関する法律（以下経営承継法）」が成立しました。この法律は、遺留分に関する民法の特例、事業承継時の金融支援措置、事業承継税制の基本的枠組みを盛り込んだ事業承継円滑化に向けた総合的支援策の基礎となるものでした（中小企業庁2013）。しかしながら、経営承継法施行後の4年間（2008年10月から2012年9月）の事業承継税制の利用実績は549件（相続税381件、贈与税168件）と低調でした（経済産業省2012）。この要因として、適用要件の厳しさや手続きの煩雑さ等の事業承継税制の問題点が挙げられていました（日本商工会議所2012）。その後、平成25（2013）年3月「所得税法等の一部を改正する法律」が成立し、この改正により、上記の事業承継税制が見直しをされ適用要件の緩和など制度の使い勝手を高める見直しがなされています（財務省2013）。しかしながら、見直し後も引き続き、事業承継税制の利用へのハードルは高いといった意見も税務の実務家より提示されています（坪多2013（24頁）、内藤・岡野2013（89頁）等）。事業承継税制の体系については、金子（2013（583～593頁））を参照。

2 平成13（2004）年の商法改正に拠る新株予約権制度の導入までの法改正の歴史的経緯については太田・山本・豊田（2012（5～6頁））。

3 税理士法人AKJパートナーズ（2012（19～24頁））、荒井・大村（2013（541～554頁））、辰巳（2013（98～101頁））、牧口・齋藤（2013（262～265頁））など。

4 野口（2005（39～43頁））は、新株予約権を株主資本とせず、資本の定義における所有者概念から排除していることの問題点について論じています。また、野口（2013（129～135頁））は負債でないにもかかわらず新株予約権の権利確定後の失効の会計処理においては利益が計上されることになっている点や権利行使された場合には、行使日における株価と行使価額の差額を損益計上しないことになっている点について論じています。さらに、戻入益の価値関連性に関する実証研究において、そのような会計処理が支持される根拠が得られていないことに言及するとともに、新株予約権に関する時価変動情報の持つ有用性や時価変動差額を損益計算することに関して議論する必要性を指摘しています。

5 相続税・贈与税における公開企業のストック・オプションの評価について平成15（2003）年6月に新設された財産基本通達193―2「ストック・オプションの評価」において、課税時期における株式の価額から権利行使価額を控除した金額すなわち本源的価値評価に拠るとされています。非公開企業のストック・オプション評価については、平成15年7月4日　国税庁課税部資産評価企画官資産課税課「『財産評価基本通達の一部改正について』通達等のあらましについて（情報）」において「非上場会社が発行するストック・オプションの価額については、その発行内容等（権利行使価額の決定方法や権利行使により取得する株式の譲渡方法等を含む）を勘案し、個別に評価することとする」とされていました。

6 非公開会社の株式評価については事業承継に関する実務書の中でも取り上げられており、税理士法人トーマツ（２０１３）、税理士法人プライスウォーターハウスクーパース（２０１３）等多数。会社法との関連で非公開株式の評価に関して述べた最近の論文として、加藤（２００９（67～75頁））、中東（２０１０（1～25頁））。

7 石井（２００２）および拙著（２０１３（１０６～１０８頁））に拠っています。

8 権利承継相続人とは、取締役・執行役・使用人（「取締役等」という）が新株予約権を行使できる期間内に死亡した場合において、当該新株予約権に係る付与決議に基づき当該新株予約権を行使できることとなる当該取締役等の相続人をいいます（租特法施行令第19条の3第5項）。

9 大口株主とは、上場会社・店頭売買登録銘柄として登録されている会社においては発行済株式総数の10分の1超を有する者、それ以外の未公開会社については発行済株式総数の3分の1超を有する者（租特法施行令第19条の3第3項）。大口株主の特別関係者とは、以下の者。（a）大口株主に該当する者の親族、（b）大口株主に該当する者とまだ婚姻の届出をしていないが事実上婚姻関係と同様の事情がある者及びその者の直系血族、（c）大口株主に該当する者の直系血族とまだ婚姻の届出をしていないが事実上婚姻関係と同様の事情にある者、（d）（a）～（c）に掲げる者以外の者で、大口株主に該当する者から受ける金銭その他の財産によって生計を維持しているもの及びその者の直系血族、（e）（a）～（d）に掲げる者以外の者で、大口株主に該当する者の直系血族から受ける金銭その他の財産によって生計を維持しているもの（租特法施行令第19条の3第4項）。

10 平成26年（２０１４）年度税制改正により、権利行使せず新株予約権のまま発行会社の買戻しによって譲渡益を得ていた場合の課税方法が、これまでの譲渡所得（20％申告分離課税）としての課税から権利行使して課税されるのと同様に給与所得等（総合課税）として課税されるようになりました（平成26年の税制改正大綱　金融証券税制国税・地方税（15））。この改正についてT&Aマスターは「付与されたストック・オプションを行使せずに会社に売却することで申告分離課税の適用を受ける高額所得者の節税策を封じこめ」と解説しています（T&Aマスター ２０１３（7頁））。

11 新株予約権者が権利行使した場合、発行法人は自己株式を交付することになり、発行法人においては資本等取引であり、課税関係が生じることはありません（太田・山本・豊田 ２０１３（６５０～６５１頁））。

12 これらの場合分けおよび表のサンプルの計算における税引後純利益等の概ねの項目は、荒井・大村（２０１３（５４１～５５４頁））に依拠しています。表計算における相続税額の計算は平成27年1月1日以降の税率等を適用。

13 野口・中嶋（２００８（１２２～１２８頁））では、新株予約権を用いる事例で金庫株を併用する事例が紹介されています。この事例では、上述の事例と同様に権利付与時と権利行使時に相続人に資金負担が生じることに加え、オーナーからの金庫株取得時に会社に資金負担が生じるといった点があります。当該事例では触れられていませんが、金庫株を取得するときには、原則としてオーナーにみなし配当（法人税法24条1-4）と株式譲渡損益（法人税法61条2-1）、租税特別措置法37条10-3）が生じ課税対象となります（緑川・掛川・竹内２０１１（24頁））。

参考文献

荒井邦彦・大村健（２０１３）『第2次改訂版　新株予約権・種類株式の実務―法務・会計・税務・登記―』第一法規。

石井敏彦（２００２）『早わかり商法改正による新株予約権の所得税法上の取扱い』大蔵財務協会。

太田洋・山本憲光・豊田祐子（２０１２）『新株予約権ハンドブック［第2版］』商事法務。

加藤貴仁（２００９）「事業承継の手段としての種類株式―株式の評価の問題を中心に」『ジュリスト』１３７７（67～75頁）。

金子宏（２０１３）『租税法第18版』弘文堂。

経済産業省（２０１２）『事業承継税制の見直しについて』http://www.cao.go.jp/zei-cho/history/2009-2012/gijiroku/zeicho/2012/_icsFiles/afieldfile/2012/12/26/24zen5kai8.pdf

財務省（２０１３）『平成25年度税制改正』http://www.mof.go.jp/tax_policy/publication/brochure/zeisei13_pdf/13zeisei.pdf

週刊T&Aマスター（２０１３）「新株予約権買戻しによる節税封じ込めへ」『週刊T&Aマスター』２０１３年12月9日第５２６号。

税理士法人AKJパートナーズ（２０１２）『立場別・ステージ別ストック・オプションの活用と実務（第2版）』中央経済社。

税理士法人トーマツ（２０１３）『Q&A事業承継をめぐる非上場株式の評価と相続税対策（第7版）』清文社。

税理士法人プライスウォーターハウスクーパース（２０１３）『完全ガイド 事業承継・相続対策の法律と税務（四訂版）』税務研究会出版局。

辰巳忠次（２０１３）『改訂版いまさら人に聞けない「同族会社の自社株対策」実務Q&A』セルバ出版。

中小企業庁（２００６）『中小企業白書〈２００６年版〉「時代の節目」に立つ中小企業―海外経済との関係深化・国内における人口減少』ぎょうせい。

中小企業庁（２０１３）『中小企業経営承継円滑化法申請マニュアル』http://www.chusho.meti.go.jp/zaimu/shoukei/2013/130401shokeihou_san.pdf

坪多晶子（２０１３）「事業承継税制適用の事前準備～承継者の決定と要件整備」『税理』56（13）（14～24頁）。

友田信男（２０１３）「企業の実態と経営承継法の活用状況」『税務弘報』61（5）（8～13頁）。

内藤忠大・岡野訓（２０１３）「シミュレーション・納税猶予活用による節税効果の判定」『税理』56（13）（78～89頁）。

中東正文（２０１０）「中小企業法制のあり方」『中小企業税制の展開　租税法研究　第38号』（1～25頁）。

野口晃弘（２００５）「『概念フレームワーク』における資本会計上の問題」『税経通信』60（2）（39～43頁）。

野口晃弘（２０１３）「新株予約権の会計と持分時価変動情報の開示」『現代ディスクロージャー研究』13（１２９～１３５頁）。

野口真人・中嶋克久（２００８）『戦略資本政策　新時代の新株予約権・種類株式活用法』中央経済社。

日本商工会議所（２０１２）『平成25年度税制改正に関する意見』http://www.jcci.or.jp/20120719_zeiseiiken.pdf
牧口晴一・齋藤孝一（２０１３）『五訂版　図解&イラスト　中小企業の事業承継』清文社。

緑川正博（２００４）『非公開株式の評価―商法・税法における理論と実践―』ぎょうせい。

緑川正博・掛川雅仁・竹内陽一（２０１１）『〔改訂版〕Ｑ＆Ａ　自己株式の実務―法務・会計・税務―』新日本法規出版。

山下克之（２０１３）『ストック・オプション会計』白桃書房。

XIV 企業経営における金融機関との関係

追手門学院大学経営学部准教授、中小企業診断士、修士（法学） 水野 浩児

1 資金調達環境の変化

（1） はじめに

企業経営において資金（ファイナンス）のことを心配せずに経営できることは、幸せなことだと思います。円滑な資金調達を行うことは企業経営にとって重要なことであり、企業経営者に絶対必要な能力です。多くの中小企業は銀行や信用金庫から運転資金や設備投資資金を調達し、調達した資金をうまく循環させる経営を行うことで、調達した資金を返済し、信用を強化させ、新たな設備投資を行うなどして企業の価値を高めていきます。借入金がない状態で手元資金だけで経営を行うことは借入金の返済に迫られるというプレッシャーからは解放されますが、企業を発展させる観点

から考察すれば理想的な状況とは言い切れないとも考えられます。企業経営において資金のことを心配しなくてよい理想的な状況とは、企業の事業における将来計画が明確な状況にあり、かつ金融機関にその内容を評価され、将来必要な運転資金や設備資金について調達できる自信がある状態を意味するように思われます。銀行との信頼関係を構築することが重要であり、そのためにはコミュニケーション能力に加え、事業全体を的確に把握し、それを的確に伝える能力が求められるわけですから、経営は幅広い能力が必要と言えます。

銀行にとっても中小企業の事業状況を的確に理解することは、融資金すなわち債権の状況を管理できていると考えられます。銀行にとって、中小企業の経営状態を的確に把握し、適切なタイミングで効果的な資金供給を行うことが理想的な状況なのです。金融庁が公表している平成25年度の「中小・地域金融機関向け監督方針[1]」の中の地域金融機関に求められる役割は「適切なリスク管理の下、デフレ脱却のための成長分野などへの積極的な資金供給や中小企業の経営改善・体質強化の支援の本格化」としています。つまり金融機関には、中小企業の経営状態を把握しながら、成長できそうな企業には積極的に資金供給を行う役割があると考えられます。

金融機関には、的確に中小企業の経営状態を把握し、時には中小企業の経営改善指導を行うことで中小企業の経営状態を安定させることが求められているわけです。金融庁は監督方針の中で中小企業に対する経営改善支援等を行うことを明記しています。さらに外部専門家・機関等とも連携したコンサルティング機能の発揮を行うように促しており、中小企業の経営状態を的確に把握し、効果的な資金供給を行うことは金融機関の社会的役割と考えられます。

これからの金融機関は、単純に資金を貸し出して回収するだけでは金融機関の役割を果たしていないと評価される状況にあります。金融機関が企業に貸し出す資金は、一方では預金者の大切な財産なので、安易な貸出もできません。しかし、あまりに貸出を制限しすぎると、資金の必要な企業に資金が回らない状況になります。金融機関は企業への積極的な貸出を担う反面、預金者の預金を保護しなくてはならないといった、一見相反する状況にあるとも考えられます。そのため長年の間不動産担保に頼る状況が続き、現在においてもその傾向はあるように思われます。ところが近年では、不動産担保価値の低迷などを背景に、企業の資金調達手法が多様になっており、金融機関の監督機関である金融庁も担保に過度に頼らない融資を推奨しています。以下において、これからの時代にあった資金調達について検討していきます。

(2) 不動産担保の限界

金融機関から資金調達（借入）を行う場合、金融機関は必ず債務者の信用状況の確認を行い、担保などの条件を提示することになります。債務者の事業状態が順調であり、将来的な業績も問題がなく信用面で高い評価を得ることができれば、金融機関は担保や保証なしで融資に応じてくれます。しかし、金融機関が企業の信用だけで担保や保証もなく融資に応じてくれる信用取引は簡単ではなく、多くの中小企業は不動産担保や保証を要求されるケースが多いことが現実です。

企業の資金調達の実態は、不動産担保や受取手形を活用した資金調達に頼っていることが多い状況です。また中小企業保証協会の保証は中小企業の資金調達において利用されています。中小企業保証協会の保証は債務者の状況に応じてその保証限度額に変化はありますが、一般保証の限度額は無担保で８０００万円までとなっています。ただ保証協会から保証をしてもらう際も厳格な審査があるため、８０００万円の信用保証を中小企業が簡単に得ることができるわけではない状況です。

信用取引での資金調達が難しい状況において、中小企業の資金調達は不動産担保もしくは保証協会保証付借入に頼るケースが多く、銀行も不動産担保や保証協会保証に頼る時代が長かったと言えます。債権保全の観点から考えれば、不動産担保は債務者の業況をさほど気にせず対応できるため、有効な手段であったことは言うまでもありません。土地価格が断続的に高騰していたバブル時代は、銀行が不動産に「根抵当権」を設定しておくことで、不動産の含み益が拡大し融資枠の拡大に直結していきました。つまり、不動産価格が上昇することは担保価値の増大につながり、融資対応の拡大につながったわけです。当時の銀行の対応は、拡大し続ける担保価値の範囲であれば資金使途に関係なく融資を拡大させる傾向にあったと考えられ、運転資金と設備資金の峻別も的確に行っていなかったことが窺われます。

このような土地本位制の考え方が資金調達の考え方の根底にあった時代は、金融機関も企業も不動産担保さえあれば資金調達を安易に行うことができ、運転資金ファイナンスの本質など考えることなく実務は行われてきたと考えられます。しかし、不動産価格の上昇を前提としている土地本位制の資金調達手法は、バブルの崩壊とともに、企業の資金調達において混乱を招き機能不全に陥ってしまいました。バブル崩壊後、不動産価格には上昇することなく、不動産担保に余力を有する企業は激減したことは言うまでもありません。担保余力がなくなったことで、債権保全の観点から融資に取り組む姿勢は消極的になり、不動産担保による資金調達は事実上限界となりました。

(3) 不動産担保体制がもたらした弊害

本来運転資金の資金調達は短期的な期間の借入で返済財源も明確なケースが多く、不動産担保で調達する資金ではありません。不動産や手形を担保にした資金調達を行う慣習が長期間続いたことは、本来の運転資金ファイナンスが資金調達手法として発展しない結果につながったと考えられます。つまり、不動産担保による債権保全がうまく機能しすぎたため、日々の資金繰りを緻密に検討し、売掛先や買掛先、さらには仕掛品や在庫の状況まで確認して対応する運転資金ファイナンスの考え方を検討する必要性がなかったとも言えるわけです。

本来運転資金の検討は、企業活動を行う上で毎日行わなければならない重要事項です。また、企業業績の状況いかんにかかわらず、常に運転資金が確保されていることを考えることは企業経営の基本です。たとえ業績が好調で信用力が高い優良企業であっても、運転資金が確保できない状況に陥れば企業を存続させることはできません。

運転資金ファイナンスの考え方は、「財・サービスの調達を行い、仕掛品が商品・在庫と変化し、それを販売して、回収して現金化する」循環の中で資金の不足を補い、その中から発生するキャッシュフローで運転資金の返済を行うことです。不動産担保に頼る時代が長期化したことは、企業経営者だけでなく、金融機関までもが運転資金ファイナンスの考え方を取り入れないケースが増えたという弊害をもたらしたとも言えます。

(4) ABLの発展

ＡＢＬ（Asset Based Lending）とは動産・債権担保融資のことで、在庫や売掛金債権等の流動資産を引当に企業が金融機関などから資金調達を行う手法です。

日本の企業が保有している資産のうち流動資産は土地を上回っており、流動資産を有効に担保として利用できれば中小企業の資金調達が活性化することが考えられます。平成25年度における日本の企業の保有資産の状況は、売掛金約１８５兆円・在庫約１０５兆円に対して土地は約１７５兆円となっており、売掛金と在庫の合計約２９０兆円は土地を大きく上回る金額となっています。[2] ＡＢＬはこれらの資産の価値を有効に活用することで、中小企業が新たな融資を受けることができる手段となることは十分考えられます。行政もこの点には敏感に対応しており、金融機関を監督している金融庁は平成25年2月にＡＢＬの積極的な活用を推進することを推奨し、中小企業等が経営改善・事業再生等を図るための資金や、新たなビジネスに挑戦するための資金の確保につながるよう、金融検査マニュアルにおいて、金融機関における運用を明確にしました。[3]

金融庁が着眼したＡＢＬの取組は、土地本位体制にあった金融機関の融資への取組姿勢に警告を促すとともに、具体的な代替案を提示した内容になっています。成熟した日本社会では人口減少と市場縮小が予想され、不動産価格の上昇を期待することはできません。担保余力がある不動産を保有していたとしても、その価値は不安定であり土地本位制で考えられてきた時代のように資金調達の手段に直結しないことが考えられます。また時代の流れは、固定資産を持たない経営にシフトしており、不動産担保に頼らない融資が求められる状況に変化しつつあります。逆に考えれば、いつまでも不動産担保融資や個人保証に頼り続ける考えでは、いつの日か限界となることは言うまでもありません。今こそ運転資金ファイナンスの本質を考える時期が到来していると思われます。

企業の業績が伸びているときは、仕入れや材料が増加するため前向きな資金調達が必要になります。ビジネスを拡大する局面において、必要な資金調達ができるか否か不安を抱えた状況が続くことはよくあることです。そのためには日ごろから取引金融機関に対して信頼関係を構築し、財務諸表から伝えることのできない定性的な情報を伝える努力をする必要があります。しかし経営者も金融機関も情報交換のためにまとまった時間を確保することは現実的に難しいと思われます。ＡＢＬは売掛債権や棚卸資産などを担保とするため、担保提供を行う段階で少なからず事業の動きを間接的に知らせることができる効用があると考えられます。その情報には、取引拡大経緯など定性的な情報も含まれ、経営者と金融機関のコミュニケーションが図られることにつながります。ＡＢＬが注目される理由には、流動資産を担保とすることは、単に金融機関の債権保全の手段にとどまらず、お互いに必要な情報を仕入れる手段としても活用できる点にメリットがあるからだと考えられます。

2　ＡＢＬの本質と資金調達のあり方

（1）運転資金ファイナンスの担い手として

中小企業の企業活動における資金は、大きく運転資金と設備資金に峻別されます。設備資金は企業が工場の設立や機材の購入の際に調達する資金であり、長期借入金や社債で資金調達を行います。貸借対照表上は資産が固定資産に計上され、調達資金は固定負債となるケースが多く、その返済財源は事業活動による利益で償還し、長期間にわたって返済を行うことになります。一方運転資金は、短期的な事業サイクルにおいて資金の過不足が生じる際に必要になる資金のことです。

企業の事業サイクルは、「現金↓仕入れ↓財やサービス調達↓製造↓在庫↓販売↓売掛債権↓回収↓現金」のように繰り返すことになります。その営業活動の中で投下した資金は現金・売掛金・支払手形・在庫・商品のような流動資産と買掛金・支払手形・短期借入金のような流動負債に形を変えながら循環することになります。つまりこの流動資産と流動負債のバランスにより資金の過不足を生じることになります。例えば多額の納品を行い、売上計上しても売掛期間が４か月もあり、一方その商品製造もしくは仕入れの際の買掛金の支払い猶予が１か月しかなければ資金不足は必然的に生じることになります。この資金不足を的確に把握した上で対応する手法が運転資金ファイナンスなのです。

運転資金ファイナンスは資金繰りのための資金調達であり1年以内の短期調達が中心になります。運転資金は人間でたとえれば血液そのものであり、循環できなければ活動が止まってしまうため、慎重な対応が必要になります。その運転資金ファイナンスの引当として売掛金や在庫を利用するのがABLなのです。事業サイクルの中から生まれる担保であるため、金融機関は在庫や売掛金を企業に貸出しする前に精査することができ、貸し出し後もモニタリングを行うことができます。考え方によれば企業の営業活動を半強制的にモニタリングできる状況になったとも言えます。事業サイクルをモニタリングすることは企業業績そのものを分析することができ、時にはアドバイスやコンサルティングも施すことができます。

このようにABLは、金融機関が企業の事業サイクルを担保としての局面からモニタリングを行い、同時に資金繰りの管理さらには事業そのものの状態を認識することができるわけです。また企業にとっては、金融機関が事実上のモニタリングを行っているため、事業サイクルの管理の中で企業の存続に不可欠な運転資金が発生した場合は早期に対応できるメリットがあると考えられます。

運転資金ファイナンスは、企業の日々の資金繰りをきめ細やかに行い資金不足に陥らないようにすることが重要であり、事業サイクルの中から生み出されるABLは、運転資金ファイナンスの担い手として期待できます。

(2) ＡＢＬの担保としての位置づけ

ＡＢＬは金融機関の債権保全を目的とする意味では不動産担保の目的と同じであり、さらに債務者企業に有事があれば売掛金等の担保を売却して融資の弁済に充当する点も不動産担保と同じです。ＡＢＬと不動産担保との大きな違いは、不動産担保は直接事業と関係ない資産を担保としていますが、ＡＢＬが事業活動の中核となる売掛債権や在庫などを担保としている点です。

ＡＢＬの対象となる売掛金などの資産は、企業の事業活動の情報が詰め込まれた資産と考えることができます。金融機関がＡＢＬにより資産を担保にすれば、その資産を分析することで、企業の実態を知ることができることになります。通常であれば、金融機関は債務者企業の在庫の状況を知ることができるのは決算書もしくは試算表の提出を受けたときですが、ＡＢＬのケースでは決算書等に表示される前に債権者の立場としてその内容を知ることができます。このことは金融機関が債権者として最も重要な情報を得ることができると考えることもできます。つまり不動産担保では知ることができなかった企業の実態についてＡＢＬを通じて知ることができ、債務者企業に対して企業経営のアドバイスを行うことも可能となるわけです。

このように経営内容を理解した金融機関が、債務者企業に対して生の情報から得たアドバイスやサービスを行うことは、これまでになかった金融機関に必要なコミュニケーションの媒体としての機能を果たすことになるわけです。企業と金融機関、すなわち資金の借手と貸手の間にあった情報の格差がＡＢＬにより大きく改善される点が不動産担保との違いです。

ＡＢＬの活用が円滑に進めば、担保を介して企業と金融機関のコミュニケーションが順調に行われ関係強化につながります。このことは金融庁が地域金融機関に求めているリレーションシップバンキング[4]を果たすこととなり、さらには適切なリスク管理につながると考えられます。金融庁もＡＢＬの積極活用を推奨する理由として、企業の経営実態をより深く把握することが可能になり、信用リスク管理が強化される[5]ことを掲げています。

(3) 積極的担保としてのＡＢＬ

ＡＢＬは企業の業績をモニタリングしながら、金融機関が経営に積極的に関与できる点が特徴と言えます。ＡＢＬで担保となった売掛債権や在庫の担保価値は、債務者企業の経営状態が順調に推移することで安定することになります。つまり、企業の成長とＡＢＬにより事業資産を担保にしている金融機関の利害は一致するわけです。従来の不動産担保であれば、金融機関は完全に受け身の状態であり、金融機関の事業への関与は直接的な担保価値には影響はしませんでした。ＡＢＬにおいて、担保処分を行う場合は、債務者企業ならびに金融機関の双方にとって最悪の事態を意味することになります。そのため、金融機関も本気でその事態を回避する努力をすることが予想され、信頼関係も強化されます。

ＡＢＬにより流動資産を担保とすることにより、金融機関は債務者企業のキャッシュフローの管理も行うことになるため、債務者企業の経営に深く関与する結果につながります。債務者企業の信用が悪化しても、金融機関は事業内容を身近に把握できており、積極的に運転資金提供を行う潜在的義務を負うことにつながることが考えられます。担保を通じて債務者企業と金融機関が一体となって取り組むことができることになるので、ＡＢＬは積極的な担保だと言えます。

３　金融庁検査とＡＢＬの関連性

（１）金融庁検査の位置づけ

金融機関を監督している金融庁は定期的に金融機関に対して検査を行っています。金融庁による検査では、金融機関の業務の健全かつ適切な運営を確保するため、法令等遵守態勢を確認し、各種リスク管理態勢等を検証したり、問題点に対する認識を確認したりします。検査は、立入検査権や資料提出請求権を付与された行政権限の行使として実施され、これに従わない場合には罰則が課される厳格な検査です。そのため金融機関は金融庁の方針については真摯に受けとめ、その方針に従順に従うことは言うまでもありません。金融庁検査の基本方針[6]や検査計画は事前に打ち出されており、その時代に応じた検査方針についても監督方針として公表しています。

たとえば平成25年度に金融庁から提示された「中小・地域金融機関向け監督方針」では、「成長分野への積極的な資金供給や、中小企業の経営改善・体質強化の支援の本格化」を掲げ、監督重点分野として「地域密着型金融の深化」や「中小企業に対する経営改善支援等」を明記しています。その具体的な取組として、顧客のライフステージに応じたコンサルティング機能の発揮を掲げており、最近の金融機関は本気で取引企業に対してコンサルティング業務を強化していることを感じることが増えました。

コンサルティング機能を発揮するにはＡＢＬを活用することは有益な手段であるように思えます。前述のように、ＡＢＬにより資産を担保にすれば、その資産を分析することで、企業の実態を知ることができるため、債務者企業に必要なコンサルティングが把握できると思われます。金融機関にとって金融庁検査が重要な位置づけにあることから考えれば、金融庁検査におけるＡＢＬの位置づけは今後の活用に大きな影響を与えることになります。

(2) 金融庁検査とＡＢＬ

金融庁は平成17年に打ち出した新アクションプログラムの中で担保・保証に過度に依存しない融資の推進を掲げています。さらに中小企業の資金調達手法の多様化も明記しており、事業価値に着目した融資手法への取組を推奨していました。この際の具体例として、知的財産担保融資やノンリコースローンならびに売掛債権を担保とした融資推進を織り込んでいました。しかし、当時は債権の担保評価基準が明確でなかったことや、スキーム面での複雑感が強かったことなどで発展しなかったように思われます。ただ、金融検査の指針などを確認すると、平成17年より金融庁は不動産担保からの脱却を強く進めていたことが窺われます。その後も金融庁の事業価値に着目した融資推進の方針は変わらず、平成25年2月にＡＢＬの積極活用を行う具体的な方針が打ち出されました。さらに金融検査においてＡＢＬに対する質問編を改訂した資料が開示され[7]、全国の金融機関向けに説明会が実施されました。

このタイミングで金融庁が明確にした運用方法として、自己査定基準における担保掛け目の明確化がマニュアル改定に組み込まれていました。その内容は、ＡＢＬにかかる金融機関の「自己査定基準」の整備を図ることを促進し、金融検査マニュアルに動産・売掛金担保の標準的な担保掛け目を新たに記載しました。ちなみに動産担保は評価の70％とし、売掛債権担保は評価額の80％としています。このように検査マニュアルに具体的な担保掛け目を記載したことは実効性も高くこれからのＡＢＬの推進において、大きく進歩できるきっかけとなるように思われます。

さらに金融機関の自己査定への影響についても方向性を示しました。その内容は、ＡＢＬには、担保資産の管理等を通じて、債務者の経営実態を金融機関が把握できる特質があることを踏まえ、仮に中小企業が経営改善計画を策定していない場合であっても、金融機関がＡＢＬにより、当該企業の実態を把握した上で、経営改善に関する資料を作成している場合には、現行の金融検査マニュアルの考え方に照らし、これを「実現可能性の高い抜本的な計画」とみなして、「貸出条件緩和債権」には該当しない取扱いとすることを明確化したものでした。金融機関が債務者企業から計画書をもらう場合、その内容が「実現可能性の高い抜本的な計画」であれば、貸出条件緩和債権に該当しないと明記していることは意味深いものです。貸出条件緩和債権と評価されれば、金融機関の引当金の問題も関与してくるため、円滑な運転資金対応には影響を与えることが予想されます。ＡＢ

Lの活用が、債務者企業の事業内容の把握につながる観点から考察すれば、金融庁の判断は的確なものであり、少なからず資金調達環境の改善につながると考えられます。ＡＢＬの導入により債務者の評価を行う自己査定にプラスの影響を与えることで、金融機関が積極的に取り組む材料になることは自然なことだと思います。

(3) 監督方針に係る積極的な金融仲介機能の発揮

平成25年9月に金融庁が発表した「平成25年事務年度　中小・地域金融機関向け監督方針」[8]（以下、監督方針という）では、①中小企業の経営支援をはじめとした積極的な金融仲介機能の発揮、②リスク管理と地域における金融システムの安定、③顧客保護と利用者利便の向上の3点を重点分野としています。

中小企業の経営支援をはじめとした積極的な金融仲介機能の発揮について、金融機関は顧客企業と向き合い、顧客企業の経営改善や事業再生に向けた支援のみならず、適切にリスクを管理しつつ、新規融資を含む積極的な資金供給を行い、顧客企業の育成・成長を強力に後押しするという金融機関が本来果たすべき役割の一層の発揮を求めています。この点からもＡＢＬの特性を活かした活用ができると考えられます。さらに、平成25年6月に閣議決定された「日本再興戦略」においては、地域金融機関における顧客企業の経営改善、事業再生、育成・成長につながる新規融資に関する積極的な取組を促していくことが重要としています。その中で、ＡＢＬ等の代替的な融資手法の充実と利用促進を図ることを明記しています。

成長可能性を重視した金融機関の新規融資の取組において「新規融資について、どのような経営方針の下で積極的に取り組んでいるか」や「貸付条件の変更等を行った債務者についても、債務者の実態を十分把握した上で、新規融資に積極的に取り組んでいるか」、「ＡＢＬ（電子記録債権の活用を含む）など、不動産担保や保証に依存しない融資の推進や資本性借入金の活用に当たって、具体的にどのような工夫・取組を行っているか」などを着眼点として重点的に検証する取組を促しています。以上のように政府ならびに、金融機関の取組方針に影響の大きい金融庁の考え方もＡＢＬの推進を具体的に取り入れていることは今後のＡＢＬ融資の発展が期待できます。

4　債権の観点からの考察

(1) 債権の良質化の機能

前述のように、ＡＢＬは企業のコンサルティング機能の発揮につながる効果があると考えれば、単なる被担保債権の保全のための担保ではなく債権そのものを良質化させる効果がある特殊な機能を有した担保と考えることもできます。

これまでの担保は、債務者の債務不履行があった場合に担保権を実行して債権を回収する、ということが目的であるため、金融機関すなわち債権者のための担保であったと言えます。その観点から考えれば、債務者企業が有している資産のうち換価処分により、少しでも多くの債権を回収できる担保がポイントになります。その際の価値評価が明確でかつ安定しており、また換価処分が確実でかつ処分方法が確立しているものが理想的な担保になるわけです。この考え方では、取引している企業債務者の経済活動が、その後どうなるかということはほとんど念頭においていない状態です。従来の不動産などの担保は「回収、清算のための担保」の領域を超えることはできないことに対して、在庫や売掛債権を担保とするＡＢＬは債務者の担保であり、より正確に言えば、「債務者の経済活動を存続させるための担保」と考えることができます。債権を良質化することで、債権者である金融機関も債務者企業にもメリットのある担保になるわけです。この点についてＡＢＬ協会理事会で債権譲渡研究の第一人者である池田教授も同様の意見を述べられています[9]。

(2) 債務者を活性化させるＡＢＬの担保機能の実現

金融庁の監督指針において、中小企業に対する経営改善・体質強化支援を本格化させることを明確にする中で、「地域密着型金融の推進の一環として、いわゆる目利き能力を育成・発揮し、担保・保証に過度に依存することなく、借手企業の事業価値を的確に見極めるとともに、事業計画の向上に資する取組を行っていくことが期待される」と記されています。ＡＢＬ融資は企業の事業価値の見極めに寄与する効果もあり、ここで言う担保・保証への過度な依存には該当しないことは前述のとおりです。

金融検査マニュアルの改訂においてＡＢＬ融資の積極活用が推進され、金融機関がＡＢＬにより、当該債務者の実態を把握した上で、経営改善計画に関する資料を作成している場合は「実現可能性の高い抜本的な計画」とみなされる考え方は、ＡＢＬ融資により企業評価が変わる活性化の機能を持った魅力がＡＢＬ融資には含まれているわけです。すなわち、ＡＢＬは企業評価そのものを向上させる要素を含んだ、事業計画遂行に欠かせない「企業を活性化させる担保」だと言えます。

売掛債権を活用した資金調達は、金融機関を介した間接金融による資金調達であるにもかかわらず、企業などの被融資者（譲渡人）の信用力ではなく、当該債権つまり第三債務者の信用力を引き当てにした担保であり、信用力が十分でない企業であっても資金調達環境が改善される点が特徴であり、債務者の信用力を補完する効果があると考えられます。金融庁がＡＢＬ融資を推進していることは、単に中小企業の資金調達環境の改善だけではなく、債務者企業の評価を向上させることが目的であると考えられます。債務者を活性化させるＡＢＬの担保機能が本格的に機能すれば、理想的なファイナンス体制を構築することができると考えられます。

5　まとめ

中小企業にとって金融機関とのコミュニケーションは重要であり、金融機関にとっても自らの債権の質を良質なものにする意味でも大変意義深いものです。ＡＢＬは単なる債権保全の担保ではなく、担保を介して債権者である金融機関と債務者企業との情報交換を行うツールとしての役割を果たすことができるものです。技術力が高い将来性のある中小企業を育成する役割が金融機関に求められる時代です。資金調達が円滑にできない原因は、金融機関と債務者企業の双方に原因があると考えれます。双方が現状を正しく認識して、前向きな意味で相談を行うことができれば必ず突破口を見つけ出すことができます。そのためには、債務者を活性化させるＡＢＬが本格的に機能し、理想的なファイナンス体制の構築が不可避です。

金融庁検査は少なからず実務に影響を受けますが、金融庁は「中小企業の経営支援をはじめとした積極的な金融仲介機能の発揮」を最重要項目に掲げていると考えられ、検査項目においても最重視しているように思われます。金融機関の方とお話をしていても、中小企業の経営支援については常に意識されている印象を受けます。また、平成25年9月に金融庁は従来の検査基本方針に変わり、金融モニタリング基本方針を公表しています。この方針公表の背景には、金融機関が適切なリスク管理の下で、適切な金融仲介機能を発揮させることを期待する意味合いが大きいように思われます。適切なリスク管理と、適切な金融仲介機能の発揮をバランスよく行うことは、預金者の預金保護も担っている金融機関にとっては必須であると思われます。

このように明らかに金融庁の動きに変化が出ており、その目的は中小企業の経営支援なのです。従来の担保依存主義の考え方に変化がでていますので、このタイミングですべての事業を行っている人が有している動産や売掛債権を活用した資金調達を考えるべきだと思います。単なる担保ではなく、金融機関とのコミュニケーションツールにもなり、金融機関と二人三脚で企業経営を考えるツールにもなります。ＡＢＬは民事再生等の法的再生に至ったケースでは少なからず問題があることは否定できません。しかし、そのような事態にならない予防的な役割があると考える事もできます。民法改正の議論が大詰めを迎えており、債権譲渡実務にも少なからず影響が出そうな状況です。資金調達の多様化が進む中、金融機関とのコミュニケーションを円滑にし、企業の有する資産を有効に活用して理想的な資金調達環境が構築できることを願っています。

参考文献

注

1 金融庁（２０１３年9月6日）「平成25事務年度　中小・地域金融機関向け監督方針」http://www.fsa.go.jp/news/25/20130906-3/03.pdf

2 平成25年度財務省「法人企業統計調査」

3 金融庁（２０１３年２月５日）「ＡＢＬ（動産・売掛金担保融資）の積極活用について」http://www.fsa.go.jp/news/24/ginkou/20130205-1.html

4 金融庁（２００５年3月29日）「新アクションプログラム」地域密着型金融（リレーションシップバンキング）を明示的に義務化した。http://www.fsa.go.jp/news/newsj/16/ginkou/f-20050329-4/01.pdf

5 注2の金融庁（２０１３年2月5日）「ＡＢＬ（動産・売掛金担保融資）の積極活用について」（別紙2）に明記されている。

6 金融庁（２００５年7月1日）「金融検査に関する基本方針」に検査実施に当たっての基本的な考え方が記載されている。

7 金融庁検査局（２０１３年6月4日）「金融検査マニュアルに関するよくあるご質問（ＦＡＱ）別編」〈ＡＢＬ編〉http://www.fsa.go.jp/news/24/ginkou/20130604-1/01.pdf

8 注2の金融庁が中小・地域金融機関向けの監督事務の基本的考え方を体系的に整理したもので、監督に当たっての重点事項を明確化するため、事務年度ごとに監督方針を策定・公表している。

9 池田真朗（２０１０）『債権譲渡の発展と特別法　債権譲渡の研究第3版』３４４頁、弘文堂。

執筆者一覧

植藤《うえふじ》　正志《まさし》　追手門学院大学経営学部教授

大門《だいもん》　康剛《やすたけ》　大門酒造蔵元兼杜氏、社長

井出《いで》　明《あきら》　追手門学院大学経営学部准教授、博士（情報学）

稲葉《いなば》　哲《さとし》　追手門学院大学経営学部講師、博士（経済学）

朴《ぱく》　修賢《すーひょん》　追手門学院大学経営学部准教授、博士（経営学）

長岡《ながおか》　千賀《ちか》　追手門学院大学経営学部准教授、博士（人間科学）

杤尾《とちお》　安伸《やすのぶ》　追手門学院大学経営学部准教授、博士（経営学）

坂上《さかがみ》　佳隆《よしたか》　追手門学院大学経営学部教授、博士（経済学）

宮宇地《みやうち》　俊岳《としたけ》　追手門学院大学経営学部准教授、博士（経済学）

李《りー》　建《けん》　追手門学院大学経営学部教授、博士（経営学）
中野《なかの》統英《のぶひで》　追手門学院大学経営学部准教授、博士（工学）
岡崎《おかざき》利美《としみ》　追手門学院大学経営学部准教授
山下《やました》克之《かつゆき》　追手門学院大学経営学部准教授、博士（経済学）
水野《みずの》浩児《こうじ》　追手門学院大学経営学部准教授・中小企業診断士、修士（法学）

（以上、執筆順）

追手門学院大学ベンチャービジネス研究所

2006 年開設。わが国や海外におけるベンチャービジネスの理論や実態、並びに、イノベーションを志す中堅中小企業の事業承継の調査研究を行い、Newsletter や『追手門学院大学 ベンチャービジネス・レビュー』の発行、経営セミナーの開催など地域社会に貢献する諸活動を行っている。
編著書「事業承継入門 1・2」編 2014 年 2 月

事業承継入門 3
—事業承継のためのマーケティングと経営管理

2015 年 2 月 20 日初版発行

編　者　追手門学院大学
　　　　ベンチャービジネス研究所

発行所　追手門学院大学出版会
〒 567-8502
大阪府茨木市西安威 2-1-15
電話（072）641-7749
http://www.otemon.ac.jp/

発売所　丸善出版株式会社
〒 101-0051
東京都千代田区神田神保町 2-17
電話（03）3512-3256
http://pub.maruzen.co.jp/

編集・製作協力　丸善株式会社

組版／株式会社明昌堂
印刷・製本／大日本印刷株式会社
ISBN978-4-907574-07-9 C1034